HÄDECKE

LISANA HARTL

FEUERFEST

KOCHEN UND GRILLEN MIT FREUNDEN AM FEUER

Inhaltsverzeichnis

ÜBER DIESES BUCH

Grillen mit Freunden geht immer! Für mich gibt es nichts Schöneres, als im Freien mit Freunden über dem offenen Feuer zu backen, zu kochen, zu experimentieren. Ob Chili con Carne über dem Lagerfeuer mit Feuerkartoffeln und Stockbrot, Austernpilz-Burger oder Grillrost „in der Mitte", bei dem jeder sein Steak mal selbst wenden darf. Klingt verführerisch, oder? Und erst die süßen Sachen, die über dem Feuer möglich sind: Gebrannte Mandeln bei eiskaltem Wetter mit einem selbstgemachten Glühwein zum Beispiel. Oder meine Lieblings-Schupfnudeln mit Apfelmus ... Grillen und am Feuer zu sitzen, das geht einfach zu jeder Jahreszeit und zu jedem Anlass. Und manchmal braucht's noch nicht einmal den.

Die ganze Familie hat mich bei diesem Projekt unterstützt!

In diesem Buch erwarten euch Rezepte für den Grill oder das Kochen über offenem Feuer, die vielmehr Zutatenliste und nicht strenges Rezept sein wollen. Eher eine Inspiration für mehr Eigenes, für mehr Freude am Grillexperiment, für den Mut, mehr Geschmacksnerven zu berühren und für mehr Gelassenheit. Die stellt sich aber nur ein, wenn man nicht zu den Leuten gehört, die „schnell schon mal alleine alles durchgaren, damit möglichst schnell alle satt sind ..." Auf solch eine Gelassenheit muss man sich tatsächlich einlassen. Ihr solltet am Lagerfeuer nicht schon auf dem Sprung zur nächsten Einladung sein, sondern die Zeit wirklich uneingeschränkt verstreichen lassen. Völlig unbemerkt. Für mich ist Gelassenheit mein ganz persönlicher Grund zum Grillen und der eigentliche für dieses Buch. Ich erhoffe mir, dass auch andere diese Gelassenheit beim Grillen entdecken, und wünsche mir , dass sich dadurch bei Dir ein Lebensgefühl einstellt, das sich vielleicht mit dem Wort „Unbeschwertheit" am besten beschreiben lässt, oder diese wieder zu entdecken.

Lass uns ein kleines Experiment machen: Schließe kurz die Augen. Erinnere dich daran, wie es war, als du das letzte Mal mit anderen rund um ein Feuer gesessen bist. Unter freiem Himmel als Musik lief und etwas Essbares ganz selbstverständlich über der Glut brutzelte, von dem jeder probieren wollte. Weißt du noch wie es dir dabei ging? Wie du dich dabei gefühlt hast? Wie gerne du am liebsten alles um dich herum genau so behalten hättest? Die Freunde, die Familie, die Menschen, mit denen du diese unvergleichliche Stimmung geteilt hast, während das Holz im Feuer knackte und dein Bauch dir zuflüsterte, dass du eigentlich noch einen Nachschlag nehmen könntest ... Genau dieses Gefühl, den Spaß, die Tiefenentspannung meine ich, wenn ich vom Grillen und Kochen am Feuer schreibe.

Ich habe für dieses Buch Rezepte zusammengestellt, die ich selbst gerne mit Freude und Freunden zubereite. Natürlich fehlen auch Ideen mit Senf und Saucen nicht, aber dazu später mehr. Und frische Bio-Zutaten aus meiner bayerischen Heimat gehören für mich unbedingt dazu. Dabei kommt es mir nicht so sehr auf die Grilltechnik an. Was für den einen perfekt gegartes Grillgemüse, ist für den anderen ein saftig-rauchiges Stück Fleisch. Und es geht nicht in erster Linie um Perfektion oder Dogmen, sondern darum, dass man jede Menge Spaß hat und eine gute Zeit gemeinsam am Feuer verbringt. Also raus ins Freie, ab zum Grillplatz, hoch die Gabeln und viel Spaß mit Feuerfest!

Eure Lisana

Produktion zum Buch: Zeichnen im Sketchbook.

ÜBER MICH, DIE FAMILIE
UND DIE SACHE MIT DEM SENF

Alles war gelb: meine Hose, die Schuhe, die Hände. Kurkuma war ein ständiger Begleiter bei uns zuhause. Das Gewürz, das mein Vater für die Senfproduktion benötigte, bescherte der gesamten Familie sehr anhängliche Abdrücke. Und das Senfmehl hinterließ einen Duft, der mich bis heute umgibt. Als hätte ich ihn nach dem ersten Einatmen nie wieder ausgeatmet. Senf war von Anfang an da. Er gehört seit ich denken kann zu meinem Leben und bedeutet noch heute für mich Geborgenheit, Familie und Heimat. Besonders, wenn ich einen Löffel Senf koste oder an einem frischen Glas mit einer neuen Senfkreation rieche, tauchen die Bilder aus Kindheitstagen sofort wieder auf: Tausend Senfkörner, die auf meiner Haut tanzten, während sich meine Hände tief in die Säcke mit Braunsenf- und Gelbsenfsaat gruben. Unbeschreiblich und so unvergessen. Dieses Gefühl mag ich heute noch.

DIE KLEINEN SENFKÖCHINNEN

Meine Schwester Catalina und ich waren etwa im Grundschulalter, als wir in Puchheim im einstigen Garagenhof meiner Eltern den Hochdruckreiniger bedienten – und ihn vermutlich kaum halten konnten. Wir durften die Meerrettich-Stangen für die Zubereitung von echtem Bio-Senf reinigen, den mein Vater anfänglich in kleinen Chargen verkaufte. Damals arbeitete er noch als Zulieferer für andere Großbetriebe, die Senfe und andere Spezialitäten wie Kräuterbutter und Pesto vertrieben. Wir, die zwei Töchter dieses unverbesserlich geschmacksvernarrten Vaters, waren immer mittendrin. Bis heute ist *der Theo,* wie ihn alle bei uns im Betrieb nennen, so etwas wie ein Getriebener, er ist ständig auf dem Sprung. Entweder zum nächsten Gespräch oder auf der Suche nach dem „noch perfekteren" Bio-Genuss. Mal will er noch „stimmigere" Zutaten für einen Senf aufspüren, mal etwas „Verrücktes" für eine Grillsauce und ein anderes Mal nimmt er sich vor, etwas besonders intensiv Fruchtiges für eine Dipponaise zu finden. Er war schon immer so. Inzwischen kann ich ihn gut verstehen. Und unser einstiger Garagenbetrieb ist in den letzten 22 Jahren ordentlich gewachsen. Unser Familien-Senf ist mittlerweile auf 2.800 Quadratmetern Werksgelände zu Hause.

IN OPAS SENFKÜCHE

Meinen Opa sehe ich immer noch vor mir, wie er in seiner geliebten Senfküche an der uralten Abfüllmaschine saß. Wie er mit Hingabe – immer noch für Freunde – den ureigenen „Münchner Kindl Senf" nach alten Familienrezepten von 1920 in Gläser abfüllte. Das war seine Lebensaufgabe. Seit den 1960iger Jahren rührte er den Traditionssenf unserer Vorfahren an, sprichwörtlich mit Hand und Herz. Unsere Ahnen stammen aus der Münchner Metzgerzeile am Viktualienmarkt. Sie hatten den würzigen Senf ursprünglich als kleine Aufmerksamkeit für Fleisch- und Wurstwaren gedacht, bis immer mehr Münchner genau diesen Senf haben wollten. Mein Großvater hielt die Tradition aufrecht, rückblickend vielleicht auch für uns. Womöglich hoffte er auf zukünftige Senf-Generationen – ein schöner Gedanke. Er belieferte fast sein halbes Leben lang Münchner Wirtshäuser und Standlbesitzer auf dem Viktualienmarkt mit unserem süßen Hausmacher Senf. Seine Zeit als Senfmüller hat er nie bereut.

NACHHALTIGE ENTSCHEIDUNGEN

Gute 30 Jahre später übernahm mein Vater Theo Hartl die alten „Münchner Kindl Rezepturen" für den süßen Hausmacher Senf. Das war in den 1980iger Jahren. Direkt neben der alten Senfküche meines Großvaters entwickelte er in Puchheim den ersten und damals einzigen Bio-Senf. Er rührte ihn von Hand in der besagten Garage an, vor der Catalina und ich Jahre später den Meerrettich mit dem Hochdruckreiniger abspritzen würden ... Als ich zur Welt kam, stand für ihn fest: Die Tochter eines gesundheitsbewussten Vaters sollte ausschließlich gesundes Essen bekommen, bestmöglich frisch aus der Natur. Eine konventionelle Ernährung kam für ihn einfach nicht in Frage. Und damit auch keine konventionelle Senfherstellung. Zu der Zeit besuchte er zum ersten Mal einen Bio-Laden und entdeckte, dass es dort noch keinen Senf gab – das war die Geburtsstunde des Münchner Kindl Bio-Senfs! Mein Vater fühlte sich bestätigt und wollte etwas Nachhaltiges schaffen. Das war seine Intention. Er brannte für die Idee, aus dem Traditionssenf nach Familienrezepten einen modernen, reinen Bio-Senf herzustellen. Diese Leidenschaft fürs Zubereiten von Lebensmitteln hat er mir wohl mitgegeben.

DIE KREISE SCHLIESSEN SICH

Meiner Schwester war schon früh klar, dass sie „irgendwann" in den Familienbetrieb einsteigen würde – mir weniger. Ich habe erst auf Umwegen begriffen, worin meine Berufung liegt. Schon immer habe ich gern gezeichnet und mich für das Malen begeistert. Nach der Schule besuchte ich zunächst eine private Fachakademie für Kunst in München. Doch 2011 fiel die Entscheidung meines Vaters: Er wollte nicht mehr ausschließlich als Zulieferer für andere Bio-Großbetriebe arbeiten, sondern unabhängig werden. Er plante, unseren Senf zusätzlich unter dem alten, noch patentierten Markennamen „Münchner Kindl" zu vertreiben, direkt und über den Bio-Handel als eigenständige Handelsmarke. Die Familie brauchte mich als Illustratorin. Erste Etiketten sollten entworfen werden, Produktbroschüren mussten her. Und so schwang ich meine Stifte und verbrachte irgendwann zwischen den ersten Druckergebnissen und neugierigen Internetschritten für unseren Firmenauftritt mehr Zeit mit Senf, als mit meinem Studium ... und entschied mich schließlich für den Senf. Doch bewusst gespürt habe ich meine Wurzeln zum ersten Mal, als meine Familie nach Jahrzehnten wieder mit einem Senfladen auf dem Viktualienmarkt präsent war. Die Stadt hatte uns einen *Standl* zugesprochen, an dem es auch heute wieder besondere Abfüllungen gibt, so wie vor fast 100 Jahren. Mein Opa erfuhr noch kurz bevor er starb davon. Er war überglücklich, dass der Münchner Kindl Senf wieder sein Zuhause am Viktualienmarkt bekommen würde. Und das bedeutet mir heute noch etwas.

ALLES WÄCHST

Heute, 30 Jahre nach der Bio-Senf-Geburt, bin ich sehr froh, dass alles so gekommen ist. Ich bin mit dem Senf weitergewachsen. So wie unser Garagen-Betrieb aus den Achtzigern, aus dem nun eine Manufaktur mit über 20 Mitarbeitern geworden ist, die ihre feine Kost in ganz Deutschland verkauft. Um all unsere Senfe und Saucen besser kennenzulernen habe ich irgendwann angefangen, mit ihnen zu kochen. Linguine mit Bärlauch-Senf-Spargel waren mein erstes Aha-Erlebnis. Ich musste es sofort mit Freunden und der Familie teilen! Aus diesem tiefen Bedürfnis heraus sind mittlerweile über 200 Rezepte entstanden.

WAS DIE ZUKUNFT BRINGT

Wir hatten viel Glück im Leben, meine Schwester und ich. Wir konnten Teil eines Bioland-Betriebs werden, der sich für die Natur und den Erhalt von natürlichen Lebensmitteln einsetzt. Dafür bin ich sehr dankbar. Als heutige Geschäftsführerinnen von Münchner Kindl möchten wir beide etwas davon weitergeben. Wir können zumindest einen Teil dazu beitragen, dass ein Stück Natur in unserer Region erhalten bleibt, indem wir an dem Herstellungsprinzip eines von Bioland zertifizierten Unternehmens festhalten. Wenn ich sehe, dass auf gespritzten Feldern keine Bienen summen, keine Schmetterlinge fliegen und weder Korn- noch Mohnblumen wachsen, fühlt sich das für mich nicht richtig an. Wenn wir das Ganze als nächste Generation übernehmen, wollen wir es weiterhin als Handwerksbetrieb für Bio-Produkte aus der Region führen. Auch für die kommende Nachfolge. Das haben wir uns als Schwestern versprochen.

INSPIRATIONEN
ZUR FEUERKÜCHE

Auf dem Weg zu diesem Buch gab es zwei kulinarische Begegnungen, die mich nachhaltig beeindruckt und auch beeinflusst haben. Die erste war mit Harald Peter, besser bekannt als „Dirty Harry". Wir trafen uns das erste Mal in unserer Manufaktur in Fürstenfeldbruck, denn dort entwickelten wir den Prototyp seiner BBQ-Sauce. Seine Leidenschaft für neue Aromen und sein Staunen über den rauchigen Geschmack dieser Grillsauce sind mir noch lebhaft in Erinnerung. Er war fasziniert davon, dass eine BBQ-Sauce, die so authentisch nach US-amerikanischem Smoker schmeckt, völlig ohne künstliche Zusatzstoffe auskommt. Und dass sie ausgerechnet in seiner alten bayerischen Heimat angerührt wurde. Dirty Harry brachte mir bei, was es heißt zu grillen und was das Kochen über dem offenen Feuer mit einem macht.

ZWEI VISIONÄRE

Wie auch mein Vater ist Harald Peter ein Visionär und ständig auf der Suche nach dem perfekten Genuss. Damals hatte er immer seine „Reise-Sauce" in einer kleinen Flasche dabei, damit er jedes Essen immer und überall so würzen konnte, wie er es wollte. Das hatte er sich in Kansas so angewöhnt, wo er seit 40 Jahren wohnte und nur als der Deutsche mit der schmutzigen Saucen-Schürze bekannt war, eben als „Dirty Harry". Als mein Vater am Viktualienmarkt diese berühmte „Reise-Sauce" probierte, versprach er ihm noch am Standl, die Sauce besser zu machen, noch feiner. Und das mit reinen Bio-Zutaten. Vom Ergebnis war Harald Peter so begeistert, dass er die erste Dirty-Harry-BBQ-Sauce im Classic Style aus Bayern sofort in die USA mitnahm und dort bei der BBQ-Weltmeisterschaft in Kansas anmeldete. Unsere Sauce räumte auf Anhieb den ersten Platz ab. Ein Wahnsinn!
Er lud uns daraufhin zum „echten Grillen" ein. Und das bedeutete: Jede Menge Zeit. Fürs Smoken, fürs Garen von bestem Grillfleisch bei niedrigen Temperaturen, fürs Miteinander. Es war ein völlig entspanntes Zusammensein, bei dem man das gemeinsame Essen und Zubereiten von Gerichten schätzte – und ins Gespräch kam. Das kannte ich bis dahin so nicht. Mir gefiel diese Gelassenheit beim Grillen. Hier entdeckte ich das Kochen im Freien für mich.

EIN 7M-GRILL-TRAILER

Die zweite Begegnung kam über den Kontakt einer Rundfunk- und TV-Journalistin zustande: Doris Hammerschmidt überzeugte mich im Frühjahr 2015 mit einem Konzept für eine gemeinsame Youtube-Serie mit Bio-Spitzenkoch und Geschäftsführer des Bio-Kontor 7 Konrad Geiger. Das Oberthema lautete „Nachhaltiger Grillgenuss aus Bayern".
Und mit dem gesamten Produktionsteam passte es einfach. Wir waren uns sofort sympathisch, unsere Köpfe sprühten vor Ideen und wir konnten es kaum erwarten, loszulegen.
Vier Clips an einem Drehtag war unser ambitioniertes Ziel. Und die Ausstattung am Drehort war der Wahnsinn: Ein 7m langer BBQ-Smoker, der aussah wie eine Lokomotive. Einen Grill in einem solchen Ausmaß hatte ich vorher noch nie gesehen. Wir stellten den Trailer vor ein virtuelles Bergpanorama samt Alpenwiese und grillten wie die Weltmeister. Nach fast zwölf Stunden war tatsächlich alles im Kasten. Und dieser Drehtag war nicht nur ein Riesenspaß und -genuss für mich, der Tag hat mir das Grillen wieder ein Stück näher gebracht und ich habe wahnsinnig viel über die Garvarianten bei Steaks oder das Smoken von Putenfleisch gelernt. Dass Putenfleisch so lecker schmecken kann, so würzig und irgendwie nicht nach Pute, war mir neu. Was Vorsmoken bei Grillfleisch ausmachen kann, hat mich dabei besonders beeindruckt. Dank Konrad möchte ich Grillen in meinem Kochleben nicht mehr missen.

Sauber bleiben die Hände nie – dafür warm!

Glühwein, s. S. 140

Grill-Session im Winter

LAGERFEUER

Tipps

Die Technik, mit der ich mein Feuer mache, nennt sich „Pagodenfeuer". Dafür brauchst Du Reisig, getrocknete Blätter oder eine Zeitung. Als Anzünder verwende ich Kerzenreste oder einen Anzünder wie auf der gegenüberliegenden Seite beschrieben und Holzscheite in unterschiedlicher Dicke.

1 Die Hölzer werden quadratisch aufgeschichtet, zuerst die dicksten, dann die dünneren Hölzer. In der Mitte jeweils mit Zeitung/Blättern und Reisig auffüllen.

2 Mit dünner werdenden Hölzern und Ästchen weiter schichten, bis es wie auf dem Bild links aussieht.

3 Obenauf setze ich meinen Anzünder von Seite 13 oder Kerzenreste und schichte mit Reisig weiter, damit eine Art „Kamin" entsteht.

4 Die Zeitung um den Anzünder herum anzünden, es brennt dann von oben nach unten ab. Probiert es aus! Ich habe einige Techniken getestet und komme mit dieser am besten zurecht. Und es ist eine helle Freude, sobald das Feuer brennt!

FEUERANZÜNDER
SELBER MACHEN

Für die Anzünder brauchst du Kerzenreste, Zapfen von Tanne, Fichte oder Kiefer und einen alten kleinen Topf.

1 Fichten-, Tannen-, Kiefernzapfen sammeln und trocknen.

2 Kerzenreste in einem alten, kleinen Topf schmelzen.

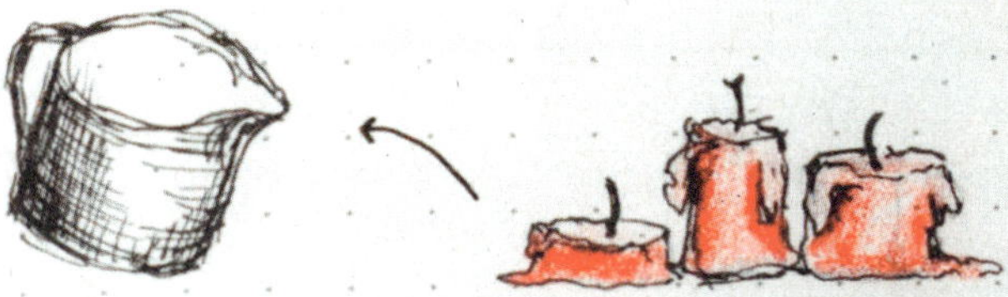

3 Leicht abkühlen lassen, bis das Wachs etwas zähflüssig ist, und die Zapfen bis zur Hälfte hineintunken.

4 Zapfen trocknen lassen und beim nächsten Lagerfeuer ein bis zwei Zapfen zum Anzünden verwenden.

TIPP

Die Zapfen sehen toll aus und eignen sich auch schön als Geschenk, gerade für jemanden der einen Kamin hat.

WO DARF MAN LAGERFEUER MACHEN?

Auf dem eigenen Gartengrundstück ist das offene Feuer grundsätzlich erlaubt, wenn es eine geeignete Feuerstelle gibt – und die Nachbarn nichts dagegen haben. Am besten hin und wieder einladen!
Die Bedingungen dafür sind in verschiedenen Ländern, Bundesländern und Gemeinden sehr unterschiedlich geregelt, daher erkundigt euch am besten bei der entsprechenden Stadtverwaltung.
ONLINETIPP: Auf **www.sacki-survival.de** hat Kai Sackmann viele Infos dazu zusammengefasst!

KEINESFALLS:
- im Naturschutz- oder Landschaftsschutzgebiet
- nach langer Trockenheit
- in öffentlichen Parkanlagen

WAS MUSS MIT

SAUCEN, SENF, DIPS & KRÄTERBUTTER

Senf darf bei mir natürlich nie fehlen. Ab Seite 35 findet ihr jede Menge Ideen und Tips für selbstgemachte Saucen und Dips. Manchmal kommen auch nur Joghurt und Sauerahm zum Einsatz, einfach abgeschmeckt mit Salz, Pfeffer nach Wahl und einem Spritzer Zitronensaft. Und denkt an die Kräuterbutter! Die passt einfach zu allem.

SALZ, PFEFFER, GEWÜRZE & ÖL

Es klingt vielleicht profan, aber Lieblingsgewürze oder Salz und Pfeffer lässt man gerne mal zuhause liegen. Also immer mit einpacken, am besten in der Mühle! Olivenöl gehört bei mir zur Grundausstattung. Ihr könnt natürlich auch andere Öle zum Braten nutzen.

FRISCHER SALAT

Gerade im Sommer ist so ein erfrischender Kontrast etwas Tolles. Im Garten wächst bei mir vielerlei Salat und ich genieße ihn am liebsten frisch gepflückt – so schmeckt er einfach am besten. Das Dressing (s. S. 18 f.) nehme ich immer in einem gut verschlossenen Senfglas mit, so kann ich es tropfsicher transportieren. Wenn man es erst kurz vor dem Verzehr auf den Salat gibt, bleibt dieser schön knackig.

TASCHENMESSER

Seit meiner Kindheit ist das mein Lieblingswerkzeug. Wenn ich unterwegs bin, ist es fast immer dabei. Damit lassen sich Grillstöcke für Stockbrot oder zum Aufspießen von Würstchen oder Marshmallows schnitzen. Und es ersetzt hin und wieder das Steakmesser.

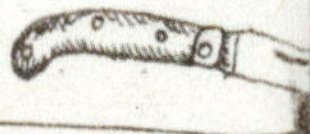

GUSSEISERNE PFANNEN & TÖPFE

Wer draußen kocht, kommt an gusseisernen Töpfen und Pfannen nicht vorbei. Sie sind wunderbar widerstandsfähig und bei richtiger Pflege (s. S. 158) quasi nicht kaputt zu bekommen. Bei beiden sind unterschiedliche Größen von Vorteil, kleine Pfannen für Spiegeleier oder Reiberdatschi, große, tiefe Pfannen für Nudelgerichte u. ä. Bei den Töpfen kann man auch auf gebrauchte Metalltöpfe zurückgreifen, die schwarz werden dürfen. Für Eintöpfe eignen sich die schweren, gusseisernen Ausführungen aber deutlich besser. Und für das große Chili empfiehlt sich ein großer Topf, den man an einem Henkel über dem Feuer an einem Dreibein befestigen kann. Solche Töpfe und Pfannen findet ihr z. B. in Campingläden oder in einigen Haushaltswarengeschäften.

MUSIK

Mittlerweile kann man seine Songs immer mitnehmen – egal wohin. Was super ist, klar. Es geht aber defintiv nichts über Livemusik. Gitarre. Unplugged. Oder Ukulele. Wer kann, singt mit. Das ist eine echte Bereicherung bei jeder Grill-Session. Auf Seite 159 sind ein paar der gängigsten Gitarrenakkorde und nützliche Links notiert.

KARTOFFELN & BROT

Beide müssen immer dabei sein. Rezeptideen dazu findet ihr auf den Seiten 41 f., 51 und 54.

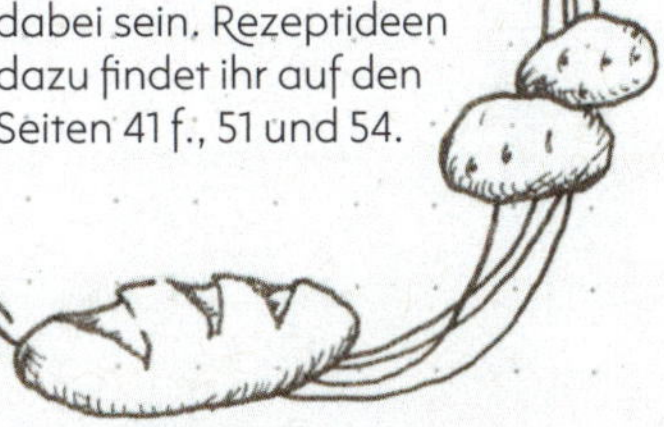

erfekte Grillanzünder! Funktioniert
r und ist deutlich günstiger und
er als die unzähligen Spezial-
ukte. Tipps auf Seite 13!

ZENRESTE

FRISCHES WASSER

Entweder zum Spülen direkt vor Ort, zum Händewaschen oder Kochen. Ihr könnt hierzu z. B. einen praktischen Faltkanister (5–10 l Fassungsvermögen) verwenden, am besten mit einem Hahn am unteren Ende, das ist ziemlich praktisch. Je nachdem, was ihr am Feuer kochen wollt, könnt ihr darauf evtl. auch verzichten.

LL- ODER KOCHHANDSCHUH
KÜCHENTUCH

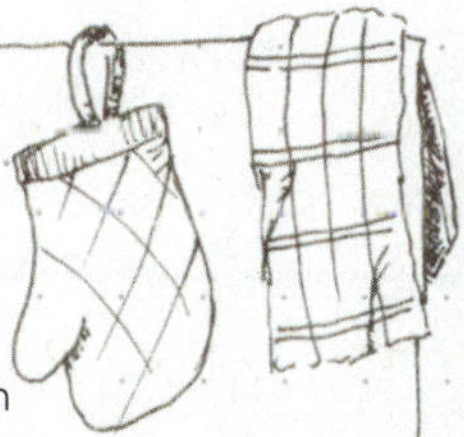

Kochhandschuh ist das wertvollste Accessoire
Feuer oder Grill – insbesondere, wenn man so
in Gedanken ist wie ich. Ein Küchenhandtuch
te man ebenfalls zur Hand haben. Irgendwann
ss man sich immer mal die Hände abtrocknen,
Tisch abwischen oder anderes. Wer wie ich
Küchenrollen verzichtet, hat meist mehrere
ndtücher im Gepäck. Nicht gerade die besten,
ihr habt, sie können nämlich reichlich rußig
rden.

MÜLLBEUTEL

Zuhause fällt bei mir beim Grillen meist so gut wie kein Abfall an.Wenn wir unterwegs sind, habe ich alles in Gläsern oder Brotboxen dabei. Dort passen auch gut die Reste hinein, sollte etwas übrig bleiben.
Für den Notfall nehme ich aber immer einen Müllbeutel mit. Bitte hinterlasst einen Grillplatz immer so, wie ihr ihn gefunden habt (oder ordentlicher).

ESTECK, TELLER, TASSEN

Viele Dinge kann man zwar mit den Händen essen, aber wenn man ein wenig aufwendiger kocht oder einen Salat essen möchte, sollte man diese Utensilien mitnehmen. Bitte verzichtet hier auf die Einwegvariante, die ist im Normalfall sowieso höchst unpraktisch. Als Teller haben sich bei uns die aus Emaille bewährt. Gleiches gilt für Trinkgefäße, sie sind etwas praktischer als Gläser und unverwüstlicher.

GRILLZANGE & PFANNENWENDER

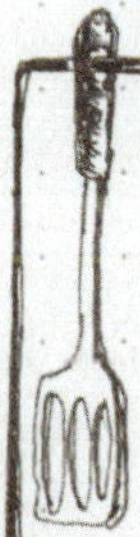

Hier ein wichtiger Grill-Tipp aus eigener Erfahrung: Benutzt am besten Grillzangen und Pfannenwender mit langen (!) Griffen. Wenn ihr über dem offenen Feuer kocht, kann das richtig heiß werden. Eure Hände sind dankbar, wenn sie mehr Abstand zur Hitze haben ... Das gilt auch fürs Stockbrot, sucht euch lieber lange und stabile Stöcke.

SALATE
GARTEN
Caesar Salad

RESSINGS

ressing Sylter Art

onig-Senf-Dressing

rangen-Senf-Dressing

räuter-Dressing

SHAKE IT BABY

Warmer Kartoffelsalat

COLESLAW | TOMATEN-GURKEN-SALAT

Schneller Gurkensalat

Asiatischer MANGO-GURKEN-SALAT

Toskanischer Brotsalat

KNACKIG & FRISCH

Rucola

ALLE DRESSINGS: 4–6 Portionen (1 Senfglas) 7–10 Min.

Dressing Sylter Art

½ Bund Schnittlauch
1 EL mittelscharfer Senf
200 g Sauerrahm
½ Zitrone, Saft
5 EL Sahne
Salz & schwarzer Pfeffer, frisch gemahlen

1. Schnittlauch waschen, trocken schütteln und in Röllchen schneiden. Mit den restlichen Zutaten in einer Schale vermischen.
2. Abschließend nach Belieben mit Salz und Pfeffer abschmecken.

Passt zu: Blatt-, Gurken-, Kraut- und vor allem zu Kartoffelsalat.

Orangen-Senf-Dressing

1 Orange
1 Zitrone
1 EL mittelscharfer Senf oder Orangensenf
5 EL Olivenöl
Salz & schwarzer Pfeffer, frisch gemahlen

1. Orangen- und Zitronensaft auspressen. Den Saft mit den restlichen Zutaten in ein Schraubglas mit Deckel geben und kräftig schütteln.
2. Abschließend mit Salz und Pfeffer abschmecken.

Passt zu: Blatt-, Geflügel-, Gurken- und ganz besonders zu Fenchelsalat.

TIPP Die Dressings können in einem leeren Senfglas gut zum Grillplatz mitgenommen und immer frisch auf den Salat gegeben werden.

Honig-Senf-Dressing

½ Bund Schnittlauch
1–2 EL mittelscharfer Senf
1 EL Honig
1 TL Sahne-Meerrettich
1 Zitrone, Saft
5 EL Olivenöl
Salz & schwarzer Pfeffer, frisch gemahlen

1. Schnittlauch waschen, trocken schütteln und in Röllchen schneiden.
2. Mit den restlichen Zutaten in ein Schraubglas mit Deckel geben und gut schütteln.
3. Nach Belieben mit Salz und Pfeffer abschmecken.

Senf-Dill-Dressing, siehe Seite 21!

Kräuter-Dressing

1 Zwiebel
1 Zitrone, frisch gepresster Saft
½ Bund Petersilie
½ Bund Schnittlauch
1 EL Senf-Dill-Dressing, s. S. 21
5 EL Olivenöl
Salz & schwarzer Pfeffer, frisch gemahlen

1. Zwiebeln schälen, grob würfeln und mit dem Zitronensaft pürieren.
2. Schnittlauch und Petersilie waschen, trocken schütteln und fein hacken. Mit den restlichen Zutaten vermischen.
3. Alles mit Salz und Pfeffer abschmecken – fertig ist das Kräuter-Dressing!

Passt zu: Blatt-, Tomaten- und Gurkensalat.

TOMATEN-GURKEN-SALAT

VEGGIE

4 Portionen 20 Min.

1 rote Zwiebel, Salz
4 EL Weißweinessig oder weißer Balsamico
1 Salatgurke
4 große Tomaten, z. B. Ochsenherz
1 EL mittelscharfer Senf
4 EL Olivenöl
1 TL milder Honig, flüssig
Salz & schwarzer Pfeffer, frisch gemahlen
½ Bund Basilikum
Chiliringe, nach Geschmack

1. Zwiebel schälen, halbieren und in dünne Ringe schneiden. In eine große Schüssel geben, etwas salzen. Mit 3 EL Weißweinessig gut vermischen und mindestens 5 Min. ziehen lassen. Das macht die Zwiebeln schön mild und knackig.
2. Salatgurke waschen, längs halbieren, in gleich große Scheiben wie die Zwiebel schneiden und dazugeben. Tomaten ebenfalls waschen und halbieren, in großzügige Scheiben schneiden und den Strunk jeweils entfernen. Zu den Gurken geben.
3. Senf, Olivenöl, Honig, den restlichen Weißweinessig, Salz und Pfeffer in ein Schraubglas mit Deckel geben und kräftig schütteln.
4. Das Dressing kurz vor dem Servieren über den Salat gießen und untermischen. Zum Schluss noch grob gehackte Basilikumblätter darüber geben und nach Geschmack auch Chiliringe.

Wenn im Garten die ersten Tomaten reif sind und auch die Gurken geerntet werden können, ist das mein absoluter Lieblings-Salat. Er ist einfach und besticht vor allem durch die Qualität der Zutaten. Neben dem saisonalen Aspekt empfehle ich, das Gemüse in Bio-Qualität zu kaufen, dann muss man Gurken oder Karotten auch nicht schälen – und man schmeckt den Unterschied!

Schneller Gurkensalat

VEGGIE

2 Portionen 20 Min.

Senf-Dill-Dressing
4 EL Joghurt
½ EL mittelscharfer Senf
1–2 EL Weißweinessig
2–3 EL Dill, gehackt
Salz & Pfeffer nach Wahl, frisch gemahlen

1 Salatgurke oder 2 Landgurken
ein paar Dillspitzen

1. Joghurt mit Senf, Essig, Dill sowie Salz und Pfeffer zu einem Dressing verrühren.
2. Die Gurke waschen und mit einem Gemüsehobel oder mit einem Messer in feine Scheiben schneiden. Danach ein klein wenig ausdrücken, damit der Salat nicht zu wässrig wird.
3. Die Gurkenscheiben in eine Schüssel geben und das Dressing vorsichtig unterheben. Vor dem Servieren mindestens 30 Minuten abgedeckt kühlstellen und ziehen lassen. Zum Abschluss mit ein paar Dillspitzen dekorieren.

Diesen einfachen Gurkensalat gibt es bei uns im Sommer zuhause öfters. Er ist super erfrischend und mildert bei Gerichten wie Chili con Carne etwas die Schärfe.

4 Portionen · 20 Min. · VEGAN

MANGO-GU

3–4 EL süß-saure Asia-Sauce (z. B. Grillinger Asia Soß')
1 reife Mango
1 Gurke
150 g gemischter Salat (z. B. Romana, Rucola, junger Spinat)
2 Frühlingszwiebeln
1 rote Chilischote, nach Belieben
4 Stängel Thai-Basilikum
1 Bio-Zitrone, Zesten und Saft
3 EL Sesamöl
1 cm frischer Ingwer
1 Handvoll Cashewnüsse
Salz & schwarzer Pfeffer, frisch gemahlen

1. Mango schälen, halbieren und längs in Scheiben vom Stein schneiden. Gurke waschen oder schälen, längs halbieren, entkernen und in dünne Scheiben schneiden. Frühlingszwiebeln ebenfalls waschen, schräg in Scheiben schneiden. Chilischote längs halbieren, Samen und Stängel entfernen. Chili in kleine Würfel schneiden.
2. In ein leeres Schraubglas Sesamöl, Asia-Sauce, frisch geriebenen Ingwer, etwas Salz, etwas Pfeffer, Zesten von der Zitrone sowie deren Saft geben. Mit dem Deckel gut verschließen und kräftig schütteln, damit sich die Zutaten verbinden.
3. Mango, Gurke und Frühlingszwiebeln in eine Schüssel geben, das Dressing untermischen und kurz ziehen lassen.
4. Den gemischten Salat und das Thai-Basilikum grob zupfen und mit Cashewnüssen und Chiliwürfeln in die Schüssel geben. Vorsichtig unterheben und mit Salz und Pfeffer abschmecken.

KEN-SALAT

TIPP Erst kurz vor dem Servieren anmachen, damit der Salat schön frisch und knackig bleibt. Zum Grillplatz die in der Küche vorbereiteten Zutaten getrennt nach festen und halbfesten mitnehmen. Das Dressing im Glas transportieren und dann vor Ort alles mischen.

Wir hatten eine neue Feinkostsauce entwickelt, genauer gesagt: eine süß-saure Asia-Sauce. Vorher hatte ich mit so etwas so gut wie noch nie gekocht, aber das sollte sich schnell ändern. Für unsere Internetseite habe ich mich dann ans Werk gemacht und mir Rezepte überlegt. Der fruchtige Asia-Salat ist bei Freunden und Familie besonders gut angekommen, daher darf er in diesem Buch natürlich nicht fehlen.

Warmer Kartoffelsalat

Meine Mama kommt aus Husum und im Norden isst man den Kartoffelsalat traditionell mit Mayo. Mein Vater hingegen stammt aus Bayern und meine Oma macht den Kartoffelsalat mit Essig, Öl und Brühe. Hin- und hergerissen habe ich dann meine ganz eigene Nord-Süd-Variante entwickelt: Einen feinen, warmen Kartoffelsalat mit Sauerrahm.

4 Portionen

30 Min.

VEGGIE

1 kg kleine, vorwiegend festkochende Kartoffeln, am liebsten Frühkartoffeln in der Saison
2 kleine rote Zwiebeln
1 Bio-Zitrone, Schalenabrieb und Saft
200 g Sauerrahm
1 Knoblauchzehe, geschält und durchgepresst
1 Bund Schnittlauch
1 EL mittelscharfer Senf
Salz & schwarzer Pfeffer, frisch gemahlen

1. Kartoffeln in kochendem Wasser etwa 20 Minuten garen.
2. Währenddessen die Zwiebeln schälen und in feine Würfel schneiden. Zusammen mit dem Schalenabrieb der Zitrone und der Hälfte des Safts in eine kleine Schüssel geben. Etwas salzen, durchmischen und bis zur weiteren Verwendung ziehen lassen, mindestens jedoch fünf Minuten.
3. Den Schnittlauch waschen, trocken schütteln und zwei Drittel davon fein hacken, den Rest in Röllchen schneiden.
4. Für das Dressing eine große Schüssel bereitstellen. Darin den Sauerrahm, den Knoblauch, den fein gehackten Schnittlauch, den restlichen Zitronensaft und den Senf mischen, mit Salz und Pfeffer abschmecken.
5. Die Kartoffeln abgießen, kurz abschrecken und die Schalen abziehen. Kartoffeln in mundgerechte Stücke schneiden, zum Dressing in die Schüssel geben und mischen.
6. Die Zwiebeln abgießen (siehe Tipp), zu den Kartoffeln geben und vorsichtig unterheben.
7. Die restlichen Schnittlauchröllchen vor dem Servieren darüber streuen.

TIPP

Der Zitronen-Zwiebel-Saft kann aufgefangen und für einen zweiten Salat als Dressing verwendet werden.

COLESLAW

4–6 Portionen

20 Min.

1 großer Weißkohl, ca. 800 g
4 Karotten
2 Frühlingszwiebeln
½ Bund glattblättrige Petersilie
1 Bund Schnittlauch
½ Chilischote
4–5 EL Mayonnaise
1–2 EL mittelscharfer Senf
½ Zitrone, Saft
Salz & Pfeffer nach Wahl, frisch gemahlen

VEGGIE

Einer meiner Basics: geht total schnell und schmeckt einfach fantastisch! Gerade zu Burgern und Sandwiches ist dieser Krautsalat die perfekte Beilage.
Damit er schön durchziehen kann, bereite ich ihn mindestens eine Stunde vor dem Essen zu. Solange stelle ich ihn abgedeckt in den Kühlschrank und nehme ihn kurz vor dem Grillen raus – ab damit zur Feuerstelle und den Burgern!

1. Weißkohl waschen, welke Blätter entfernen und den Kohlkopf je nach Größe halbieren oder vierteln. den Strunk entfernen und den Kohl fein hobeln. Die Karotten waschen oder schälen und grob reiben. Die Frühlingszwiebeln waschen und in feine Ringe schneiden. Petersilie und Schnittlauch waschen, kurz trocken schütteln. Beides mitsamt den Petersilienstängeln fein hacken. Chilischote waschen, entkernen und fein würfeln.
2. Mayo und Senf mischen, dazugeben und gut vermischen (das geht mit den Händen am besten). Mit Salz, Pfeffer und Zitronensaft nach Belieben abschmecken.
3. Mindestens eine Stunde im Kühlschrank ziehen lassen.

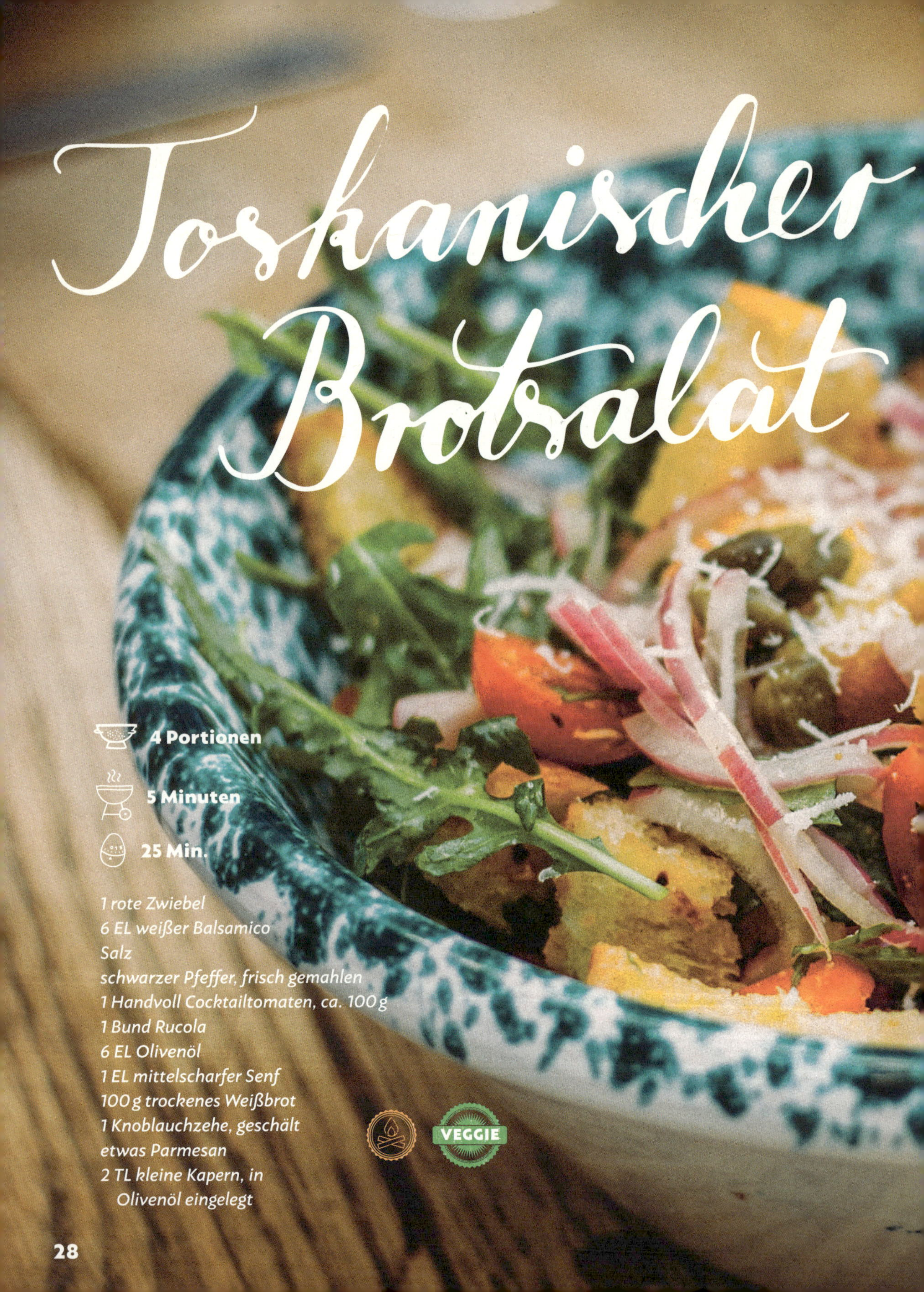

Toskanischer Brotsalat

4 Portionen

5 Minuten

25 Min.

1 rote Zwiebel
6 EL weißer Balsamico
Salz
schwarzer Pfeffer, frisch gemahlen
1 Handvoll Cocktailtomaten, ca. 100 g
1 Bund Rucola
6 EL Olivenöl
1 EL mittelscharfer Senf
100 g trockenes Weißbrot
1 Knoblauchzehe, geschält
etwas Parmesan
2 TL kleine Kapern, in
Olivenöl eingelegt

VEGGIE

Das ist meine Variante einer Panzanella, dem toskanischen Brotsalat. Ich mag Rezepte, in denen man Brot vom Vortag verwendet. Das sind mitunter die leckersten Gerichte und das Brot muss nicht weggeworfen werden, sondern findet wunderbar Verwendung in einem herrlichen Salat.

1. Die Zwiebel schälen, halbieren und in feine Ringe schneiden. Mit 3 EL Balsamico und einer Prise Salz marinieren, damit die Schärfe der Zwiebel etwas gemildert wird und sie besser verträglich ist.
2. Die Tomaten waschen, halbieren und jeweils den Strunk entfernen. Rucola waschen, trocken schütteln und in mundgerechte Stücke zupfen. Tomaten und Salat in eine Salatschüssel geben. Die Zwiebeln aus der Essigmarinade nehmen und hinzufügen.
3. Für das Dressing Olivenöl, den restlichen Balsamico, die Zwiebelmarinade, Senf, Salz und Pfeffer in ein Schraubglas mit Deckel geben. Kräftig schütteln, damit sich alles gut vermischt. Dann probieren und mit Salz und Pfeffer abschmecken.
4. Das Brot erst in Scheiben schneiden, kurz auf den Grill legen und danach von beiden Seiten mit Knoblauch einreiben. Das Brot würfeln und mit einem guten Schuss Olivenöl in einer gusseisernen Pfanne anrösten. Sobald die Würfel schön knusprig und braun sind, etwas Parmesan darüber reiben, der auf den Brotwürfeln schmilzt.
5. Die leckeren Brotwürfel mit den Kapern zum Salat geben, das Dressing darüber gießen und alles vorsichtig vermengen. Zum Schluss noch Parmesanspäne darüber hobeln.

TIPP

Für eine vegane Variante einfach Parmesan weglassen und eventuell etwas Salz auf die Brotwürfel streuen.

VEGAN

Caesar Salad

5–7 Minuten

VEGGIE

4 Portionen

20 Min.

2 große Romana-Salatherzen
200 g Ciabatta (kann auch vom Vortag sein)

2 TL Kapern, in Olivenöl eingelegt
1 Knoblauchzehe, geschält
1 EL mittelscharfer Senf
4 EL Crème fraîche
50 g Parmesan, zerbröckelt
5 EL Weißweinessig
5 EL Olivenöl
Salz & schwarzer Pfeffer, frisch gemahlen

Olivenöl
2 Zweige Rosmarin
2 Zweige Thymian, Blättchen abgezupft
1 Knoblauchzehe, geschält und fein gewürfelt

etwas Parmesan

1. Romanasalat waschen und die größeren Blätter in mundgerechte Stücke zupfen und mit den restlichen Blättern in eine große Schüssel geben. Ciabatta in Würfel schneiden. Beides verpacken und mitnehmen.
2. Für das Dressing Kapern, Knoblauch, Senf, Crème fraîche, Parmesan, Essig und Olivenöl in der Küchenmaschine oder mit dem Pürierstab zu einem cremigen Dressing verarbeiten. Mit Pfeffer abschmecken, evtl. auch mit Salz. (Vorsicht: Der Parmesan ist schon sehr salzig!) Das Dressing in einem Schraubglas mit Deckel zum Grillplatz mitnehmen.
3. Eine gusseiserne Pfanne bei „mittlerer" Hitze auf den Grill stellen, einen großen Schuss Olivenöl hineingießen. Thymianblättchen, Rosmarinzweige, Knoblauch und Brotwürfel hineingeben und anrösten.
4. Croûtons zum Salat geben, mit dem Dressing vermengen, evtl. nochmals mit Salz und Pfeffer abschmecken. Zum Schluss etwas Parmesanspäne darüber hobeln.

Sollte das Dressing beim Pürieren noch etwas „stückig" sein, danach einfach durch ein Sieb drücken, damit es schön glatt und cremig ist.

TIPP

Klassisch bereitet man den Caesar Salad mit Hähnchen und das Dressing mit Sardellen zu, dann allerdings meist als Hauptgericht. Ich mache diesen Salat als vegetarische und schnelle Variante – eine klasse Beilage für den Grillabend mit Freunden. Ich liebe dieses würzige Dressing, das sich ausgezeichnet mit dem knackigen Salat und den knusprigen Brotwürfeln verbindet.

BEILAGEN
Bruschetta
Bruschette alla Toscana
NO KNEAD
MEHL
WASSER
Hefe
Ciabatta & Baguette
Brot aus dem Topf
Stockbrot
Pizza
Fladenbrot
Kräuterkranz
CIABATTA-BRÖTCHEN
EIN TEIG
7 REZEPTE

DIPS UND SAUCEN
SENF-MAYONNAISE
Sauerrahm-Dip
BURGER SAUCE
BBQ SAUCE
PILZTÖRTCHEN
FEUERKARTOFFELN & Rosmarin-Kartoffeln
SELBST-gebackenes BROT

Chili-Senf-Butter

4 – 6 Portionen

15 Min.

250 g Butter
½ Bund glattblättrige Petersilie
4 Stängel Basilikum
½ Bund Schnittlauch
½ Chilischote
1 kleine Knoblauchzehe
2 TL Chili-Senf oder scharfer Senf
1 Spritzer Zitronensaft
Salz & schwarzer Pfeffer, frisch gemahlen

1. Die Butter grob würfeln, in eine Schüssel geben und Zimmertemperatur annehmen lassen.
2. Petersilie und Basilikum waschen, trocken schütteln und die Blätter abzupfen. Petersilienblätter, Basilikumblätter und Schnittlauch grob hacken. Die Chilischote entkernen und fein würfeln.
3. Den Knoblauch schälen und fein hacken oder durch eine Presse drücken.
4. Senf, Kräuter, Knoblauch, Zitronensaft, Chili (Menge nach Belieben) zur Butter geben und mit einer Gabel einarbeiten.
5. Mit Salz und Pfeffer abschmecken.

TIPP

Besonders lecker schmeckt die Chili-Senf-Butter zu gegrilltem Gemüse und Fleisch, aber auch zu Stockbrot oder geröstetem Baguette ist sie fantastisch.

Kräuter-Butter

4 – 6 Portionen

15 Min.

250 g Butter
gemischte Kräuter nach Belieben, Gesamtmenge ca. 1 Bund, z. B. glattblättrige Petersilie, Schnittlauch, Basilikum, Koriander, Majoran, Thymian oder Rosmarin
½ – 1 TL Chilischote, fein gehackt
1 Spritzer Zitronensaft
1 Knoblauchzehe, geschält, durch die Presse gedrückt

Salz & Pfeffer nach Wahl, frisch gemahlen

1. Die Butter grob würfeln, in eine Schüssel geben und Zimmertemperatur annehmen lassen.
2. Kräuter gut waschen, trocken schütteln und Blätter abzupfen. Alles grob hacken, wird Rosmarin verwendet, die Nadeln sehr fein hacken. Die Mengen so mischen, dass die milderen Kräuter, wie Schnittlauch oder Petersilie, mengenmäßig überwiegen.
3. Petersilie, Chili (Menge nach Belieben), Zitronensaft und Knoblauch zur Butter geben und mit einer Gabel einarbeiten.
4. Mit Salz und Pfeffer abschmecken.

TIPP

Ganz hervorragend passt die Kräuterbutter zu Feuerkartoffeln (s. S. 51), gegrilltem Maiskolben und Baguette. Auch zu Garnelen und Fleisch schmeckt sie sensationell.
Man kann die Kräuter vor der Verarbeitung auch kurz über dem Feuer in einer Pfanne mit etwas Olivenöl schwenken, dann wird die Butter noch aromatischer!

ZAZIKI

2–4 Portionen

10 Min.

200 g Salat- oder Gartengurke
Salz
schwarzer Pfeffer, frisch gemahlen
½ Bund Schnittlauch
250 g Joghurt
1 Knoblauchzehe, geschält
1–2 TL Zitronensaft

1. Die Gurke grob raspeln, etwas salzen und beiseite stellen, damit sie Wasser ziehen kann.
2. Schnittlauch waschen, trocken schütteln und in feine Röllchen schneiden. Den Knoblauch durch eine Presse drücken oder fein schneiden.
3. Joghurt mit Knoblauch, Schnittlauch und Zitronensaft vermengen, mit Salz und Pfeffer abschmecken.
4. Die geraspelte Gurke ausdrücken und zum Dip geben. Nach Bedarf nochmals mit Salz und Pfeffer abschmecken.

TIPP

Zum Garnieren etwas von den Schnittlauchröllchen und der geraspelten Gurke beiseite legen. Zum Schluss auf den fertigen Dip geben und etwa 1 EL Olivenöl darüber träufeln. Ich variiere manchmal in der Schnittweise der Gurke. Sehr gerne schneide ich kleine feine Würfelchen, dann wird der Dip schön knackig.

Sauerrahm-Dip

4 Portionen

5 Min.

½ Bund Schnittlauch
200 g Sauerrahm
1 TL Zitronensaft
2 EL Olivenöl
Salz & Pfeffer nach Wahl, frisch gemahlen

1. Schnittlauch waschen, trocken schütteln und in Röllchen schneiden.
2. Sauerrahm in eine Schüssel geben. Mit Schnittlauch, Zitronensaft und Olivenöl verrühren.
3. Mit Salz und Pfeffer abschmecken.

TIPP

Zum Garnieren etwas von den Schnittlauchröllchen beiseite legen. Abschließend auf den fertigen Dip geben und etwa 1 EL Olivenöl darüber träufeln.

Das ist mein Standard-Dip für Kartoffeln und gegrilltes Gemüse. Vor allem zu Gemüse im Tempura-Teigmantel (s. S. 76) passt diese Sauce hervorragend.

Sauerrahm-Dip
Senf-Mayo
Zaziki
Kräuter-Butter

Burgersauce
Chili-Senf-Butter
Aioli

Burger Sauce

4–6 Portionen · 10 Min.

1 rote Zwiebel, geschält
4–6 Essiggurken, je nach Größe
½ Bund Petersilie
3–4 EL Mayonnaise
2 EL mittelscharfer Senf
3–4 EL Ketchup
1 TL edelsüßes Paprikapulver
½ TL scharfes Paprikapulver

Salz & schwarzer Pfeffer, frisch gemahlen

1. Die Zwiebel und die Essiggürkchen in feine Würfel schneiden. Die Petersilie waschen, trocken schütteln und die Blätter grob hacken.
2. Mayonnaise, Senf, Ketchup und Gewürze gut vermischen. Zwiebeln, Essiggurken und Petersilie unterrühren.
3. Eventuell mit Salz und Pfeffer abschmecken.

Express-Aioli

2–4 Portionen · 10 Min.

1 Ei
6 EL Mayonnaise oder
4 EL Mayonnaise und
2 EL Joghurt
2–3 Knoblauchzehen
Salz & schwarzer Pfeffer, frisch gemahlen

1. Das Ei acht Minuten hart kochen, dann abschrecken, pellen und in kleine Würfel schneiden.
2. Die Knoblauchzehen schälen und fein hacken oder durch eine Knoblauchpresse drücken.
3. Ei und Knoblauch mit der Mayonnaise vermengen, mit Salz und Pfeffer abschmecken.

Tipps

Wenn man den Knoblauch im oder über dem Feuer grillt, bis er weich wird, schmeckt die Aioli noch aromatischer.
Eine klassische Aioli besteht im Grunde nur aus Olivenöl und Knoblauch, evtl. Eigelb und/oder Kartoffeln. Dazu wird der Knoblauch in einem Mörser zerstoßen und das Olivenöl fadenweise dazugegeben, bis eine Emulsion entsteht. Da sich diese leicht trennt, kann man auch noch Eigelb oder gekochte Kartoffeln dazugeben.

OBAZDA

4–6 Portionen 10 Min.

100 g Brie oder Camembert
100 g Romadur
100 g Butter
1 Schalotte
1 EL Bier-Senf oder grobkörniger Senf
je 1 Prise Salz, schwarzer Pfeffer und mildes Paprikapulver
1 Msp. gemahlener Kümmel
2 EL Schnittlauchröllchen

1. Brie, Romadur und Butter in kleine Würfel schneiden. Die Schalotte schälen, halbieren und fein hacken.
2. Wenn alle Zutaten Zimmertemperatur angenommen haben, mit einer Gabel leicht zerdrücken und zusammen mit dem Bier-Senf gut vermischen.
3. Mit Salz, Pfeffer, Kümmel und Paprikapulver nach Belieben abschmecken. Mit Schnittlauchröllchen garnieren und im Kühlschrank kalt stellen.

Dem Obazden sollte man auf jeden Fall eine kleine Ruhepause gönnen. Je länger er ziehen kann, desto besser wird er.

TIPP

SENF-MAYONNAISE

4 Portionen 2 Min.

1 EL körniger Senf
1 EL scharfer Senf, am besten Meerrettich-Senf
6 EL Mayonnaise
Salz & Pfeffer nach Wahl, frisch gemahlen

1. Senf und Mayonnaise verrühren und mit Salz und Pfeffer abschmecken.

Gehackte Petersilie ist eine klasse Ergänzung für diese feine Sauce.

TIPP

Der ideale Begleiter zu Burgern und Senfwiches!

MEHL

BROTTEIG

12 Portionen

10 Min.
Ruhezeit: mind. 2 Std.

1 Msp. Trockenhefe
2 Tassen Mehl (Weizenmehl Type 550 oder Dinkelmehl Type 630)*
1 Tasse lauwarmes Wasser*
1 TL Salz

**große Kaffeetasse, entspricht ca. 150–175 g Mehl und ca. 200–250 ml Wasser*

1. Trockenhefe in etwas Wasser auflösen, dann mit den übrigen Zutaten in eine Schüssel geben und am besten mit einem Holzlöffel zu einem glatten Teig verrühren. Wichtig ist, ihn nicht zu kneten, damit die Luftbläschen im Teig bleiben und er so schön luftig wird.
2. Dann mindestens zwei Stunden bei Zimmertemperatur abgedeckt gehen lassen – je länger desto besser. Man kann ihn auch über Nacht an einem kühlen Ort gehen lassen.
3. Den Teig mit etwas Mehl zur Feuerstelle mitnehmen und vor dem Backen dort ganz kurz durcharbeiten. Auch hier gilt: So wenig wie möglich kneten.

TIPP

Aus diesem Grundteig kann man Stockbrote oder Fladenbrote am Feuer machen. Oder man bäckt – zuhause oder am Feuer – ein Brot im Topf (siehe unten).

VEGAN

BROT IM TOPF

1 Brot für 4–6 Personen

10 Min.
Ruhezeit: 11 Std.

Teigrezept, s. o.

Dieses Brot mache ich immer im Backofen, weil es mir am bzw. im offenen Feuer noch nie so recht gelungen ist.
Alle bisherigen Versuche mit dem Feuertopf erzielten keine besonders herausragenden Resultate: Meistens kam ein Brot heraus, das außen schwarz und innen flüssig war.
Ich gebe aber nicht auf und freue mich auf eure Ideen dazu!

1. Den Teig wie oben zubereiten. Das beste Ergebnis erzielt man, wenn der Teig über Nacht gehen konnte, ca. zehn Stunden.
2. Eine Arbeitsfläche gut bemehlen und den Teig mit dem Teigschaber aus der Schüssel auf das Mehl geben. Dann den Teig von jeder Seite nach innen falten. Etwas Mehl darübergeben und wieder in die Schüssel setzen. Mit einem Küchentuch abgedeckt nochmals eine Stunde gehen lassen.
3. Den Backofen auf 250 °C Ober-/Unterhitze vorheizen.
4. Nach 30 Minuten Gehzeit einen gusseisernen Topf mit Deckel für 30 Minuten in den Ofen stellen.
5. Den Topf aus dem Ofen nehmen und den Deckel abnehmen. Den Teig aus der Schüssel mit der gefalteten Seite nach oben auf ein Backpapier setzen, dessen Größe auch über die Seiten reicht. In den Topf geben, Deckel auflegen und 30 Minuten auf der mittleren Schiene backen. Ein mit Wasser gefülltes, ofenfestes Gefäß dazustellen – der Wasserdampf sorgt für eine herrliche Kruste.
6. Nach 30 Minuten den Deckel abnehmen und das Brot noch 10–15 Minuten fertig backen.
7. Das Brot aus dem Topf nehmen und abkühlen lassen.

FLADENBROT

4–6 Personen

5 Min. 65 Min. Ruhezeit: 1 Std.

Teigrezept, s. S. 41
Knoblauch, geschält und fein gehackt
Rosmarin, Nadeln fein oder grob gehackt (nach Geschmack)
Salz
100 ml extra natives Olivenöl

Bratöl

VEGAN

1. Knoblauch und Rosmarin mit etwas Salz in ein Schraubglas mit Deckel geben. Mit dem Olivenöl auffüllen und zur Grillstelle mitnehmen. Außerdem werden dort ein Brett, ein Nudelholz (Teigrolle), der Teig und etwas Mehl benötigt.
2. Aus dem Teig Fladenbrote formen, dabei den Teig so wenig wie möglich kneten.
3. Das Fladenbrot entweder direkt auf dem Grillrost oder auf einer gusseisernen Platte backen. Die Platte dafür nur leicht mit Bratöl einfetten und das Fladenbrot darauflegen. Mit einem Kochpinsel das vorbereitete Kräuteröl auf dem Fladenbrot verteilen. Nach Geschmack noch mehr Rosmarin darüber streuen.
4. Das Fladenbrot fängt nun an, Bläschen zu werfen, und wird unten schön knusprig. Wer es von beiden Seiten knusprig haben möchte, dreht das Fladenbrot einfach um.
5. Die fertigen Fladen nach Geschmack nochmals mit dem Olivenöl aus dem Glas bestreichen.

TIPP

Diese Fladenbrote passen gut zu den Rezepten auf Seite 76 sowie 108 und sind Grundlage für meine Lieblings-Pizza von Seite 103.

CIABATTA

4–6 Personen

40 Min. Ruhezeit: 1 Std.

Teigrezept, s. S. 41

Das ideale Rezept, wenn man sonntags spontan grillen möchte, aber kein Bäcker mehr offen hat. Mehl und Trockenhefe habe ich für diesen Fall immer im Haus. Frisch schmeckt dieses Brot sowieso am besten!

VEGAN

1. Den Teig auf eine bemehlte Unterlage geben, mit so wenig Mehl wie möglich eine Rolle formen und auf ein mit Backpapier ausgelegtes Backblech geben.
2. Die Teigrolle gegenläufig eindrehen, so bekommt das Ciabatta eine tolle Form.
3. Ein Küchenhandtuch darüberlegen und 30–60 Minuten ruhen lassen.
4. Den Backofen auf 260 °C vorheizen, auf die unterste Schiene eine Auflaufform mit Wasser stellen. Der Wasserdampf sorgt für eine schone Kruste.
5. Das Ciabatta für ca. 15 Minuten im Ofen auf der mittleren Schiene backen. Das Brot ist fertig, wenn es sich beim Klopftest hohl anhört und die Kruste eine braune Farbe angenommen hat.
6. Das Ciabatta etwas abkühlen lassen und am besten gleich mit zur Feuerstelle nehmen.

Mein Lieblings-Rezept mit frischem Ciabatta ist auf Seite 49 (Bruschetta).

Pilztörtchen

12 Stück 30 Min. VEGGIE

275 g Blätterteigrolle (aus dem Kühlregal oder TK)
Butter oder Öl zum Anbraten und Förmchen einfetten

175 g gemischte Pilze, z. B. Pfifferlinge, Austernpilze oder Kräuterseitlinge
½ Bund glattblättrige Petersilie
2 Schalotten
2 Knoblauchzehen

40 g Parmesan, frisch gerieben
1 Ei
150 ml Sahne
1 TL mittelscharfer Senf
schwarzer Pfeffer, frisch gemahlen
evtl. ½ Chilischote, klein gehackt

Muffinblech mit 12 Mulden oder 6 Mulden (2 × Backen)

1. Blätterteig in zwölf Quadrate à ca. 10 cm Seitenlänge schneiden. Die Mulden eines Muffinblechs gut einfetten, mit je einem Teigquadrat auskleiden und die Teigränder überstehen lassen.
2. Den Backofen auf 200 °C vorheizen.
3. Die Pilze säubern, den unteren Teil der Stängel entfernen und die Pilze grob hacken. Petersilie waschen, Blättchen grob hacken, die Schalotten und den Knoblauch schälen und dann in feine Würfel schneiden.
4. In einer Pfanne etwas Öl erhitzen, die Pilze hineingeben, kurz und scharf anbraten. Schalotten und Knoblauch hinzufügen und darin anschwitzen. Mit etwas Salz und Pfeffer abschmecken. Die Pfanne vom Herd ziehen und die Petersilie unterrühren.
5. Mit einem Löffel die Pilze gleichmäßig auf alle Förmchen verteilen.
6. Parmesan, Ei, Sahne und Senf mit etwas Pfeffer und nach Geschmack mit etwas Chili verrühren und ebenfalls gleichmäßig auf die Förmchen verteilen.
7. Die Törtchen 15–20 Minuten auf der mittleren Schiene backen, bis der Käse geschmolzen und der Teig schön goldbraun ist.

Diese Törtchen sind super, um sie als „Gruß aus der Küche" auf eine Grillparty mitzunehmen. Wenn erst noch der Grill oder das Lagerfeuer angefeuert werden muss und man schon sehnsüchtig darauf wartet, endlich einen Happen zu essen, sind die Pilztörtchen genau das Richtige.

TIPP

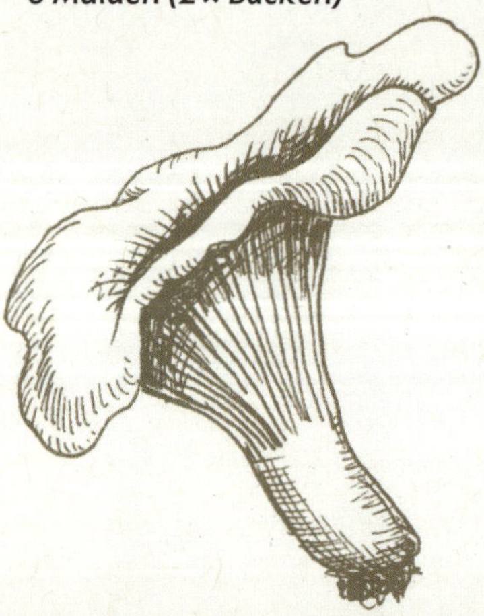

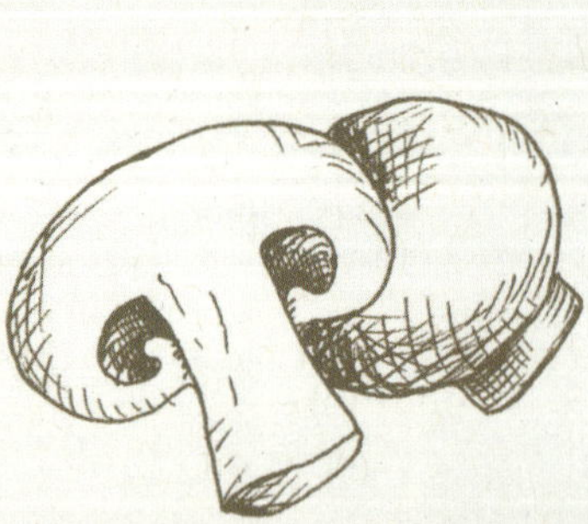

Kräuterkranz

Teigrezept, s. S. 41
½ Bund glattblättrige Petersilie
½ Bund Schnittlauch
½ Chilischote nach Geschmack
125 g Butter
Salz & schwarzer Pfeffer, frisch gemahlen

Butter für die Backform
runde Backform, 26 cm Ø

4–6 Personen

140 Min.
Ruhezeit: 1 Std.
Backzeit: 30 Min.

VEGGIE

1. Den Teig wie auf Seite 41 herstellen und mindestens eine Stunde gehen lassen.
2. Petersilie und Schnittlauch waschen, trocken schütteln und die Blätter grob hacken. Den Schnittlauch in Röllchen schneiden. Die Chilischote entkernen und fein würfeln.
3. Die Butter grob würfeln, in eine Schüssel geben und Zimmertemperatur annehmen lassen. Petersilie, Schnittlauch und Chili (nach Geschmack) dazugeben und mit einer Gabel einarbeiten. Mit Salz und Pfeffer abschmecken.
4. Den Teig zu einem großen Rechteck ausrollen (ca. 1 cm dick) und mit der Kräuterbutter gleichmäßig bestreichen. Dann den Teig einrollen und die Rolle der Länge nach aufschneiden. Beide Hälften vorsichtig übereinanderlegen, so dass eine Art Flechtmuster entsteht. Beide Enden miteinander zu einem Kranz verbinden. Diesen in eine runde, gebutterte Backform geben. Noch einmal mit dem Geschirrtuch abdecken und für 20 Minuten gehen lassen.
5. Solange der Teig erneut geht, den Backofen auf 180 °C (Ober- und Unterhitze) vorheizen. Dann den Kräuterkranz auf der mittleren Schiene 30–35 Minuten goldbraun backen.

TIPP

Wenn ich bei Freunden eingeladen bin, bereite ich den Kranz so vor, dass er dort nur noch in den Ofen kommt. Der Kranz geht dann während der Fahrt und kann direkt in den vorgeheizten Backofen geschoben werden. Warm schmeckt der Kräuterkranz natürlich am besten.

Eigentlich wollte ich ein simples Kräuterbaguette selber machen, denn die mitgebrachten Fertigprodukte schmecken einfach nicht so gut – zumindest für mein Empfinden.
Das Rezept für die Kräuterbutter (Seite 34) und den Teig (Seite 41) gab es ja schon. Und als ich begann, den Teig auszurollen und mit der Butter zu bestreichen, rollte ich das Teigstück einfach zusammen. Irgendwie kam mir das von einem anderen Rezept bekannt vor: meinem Zimtkranz! Und so wurde die Idee zum Kräuterkranz geboren – eine der besseren Einfälle, würde ich behaupten, denn dieser Kranz schmeckt dermaßen gut! Und man kann nach Belieben mit anderen Kräutern experimentieren, z. B. für italienische oder französische Varianten. Diesen Kräuterkranz mache ich inzwischen fast immer, wenn ich zum Grillen eingeladen bin. Ein knusprig-kräutriger Sattmacher, der außerdem hübsch aussieht.

Bruschetta

4–6 Personen **2–3 Min.**

Olivenöl, in bester Qualität
1 Knoblauchzehe
Ciabatta, s. S. 43, oder Baguette, in Scheiben geschnitten
Salz

1. Die Brotscheiben auf dem Grill von beiden Seiten rösten. Dann mit einer geschälten Knoblauchzehe über die Schnittflächen reiben. Etwas Salz daraufgeben und mit dem fantastischen Olivenöl beträufeln.

Variante Knoblauch-Käsebrot: Die Bruschette mit geriebenem Käse (Parmesan oder Bergkäse, je nach Geschmack) bestreuen und nochmal kurz auf den Grill legen, bis der Käse anschmilzt. Sehr lecker zur Zwiebelsuppe (s. S. 73).

VEGAN

Jedes Jahr im Herbst fahre ich in die Toskana, das ist meine absolute Lieblingsjahreszeit dort: Es gibt Maroni, Pfifferlinge und das erste frisch gepresste Olivenöl. Dort, wo ich mein Olivenöl kaufe, bekomme ich zum Probieren immer eine geröstete Weißbrotscheibe mit dem neuen Öl und etwas Salz. So einfach und so gut!

Bruschette alla Toscana

4–6 Personen

2–3 Min.

20 Min.

VEGAN

500 g Tomaten
½ Bund Basilikum
1 Knoblauchzehe, geschält
50 ml Olivenöl
Salz & schwarzer Pfeffer, frisch gemahlen
8 Scheiben helles Baguette oder Ciabatta, s. S. 43

1. Die Tomaten waschen, in kleine Würfel schneiden und den Strunk jeweils entfernen. Basilikum waschen, trocken schütteln und ein paar Blätter für die Deko beiseite legen, den Rest grob hacken. Mit den Tomaten in eine Schüssel geben. Knoblauch durch eine Presse drücken oder fein hacken und zu den Tomaten geben. Olivenöl zugießen und mit Salz und Pfeffer abschmecken.
2. Die Brotscheiben auf den Grill legen und von beiden Seiten rösten.
3. Die Tomaten mit einem Löffel auf die Brotscheiben verteilen, mit dem leckeren Saft tränken und gleich essen!

Besonders fein sind die Bruschette mit frischen Tomaten direkt aus dem Garten oder vom Balkon. Auch bei manchen Bio-Gärtnereien gibt es Hofläden, in denen man im Sommer aromatische Tomaten bekommt. Das gibt es bei mir in der Saison oft als Abendessen, vor allem, weil es auf meinem Balkon endlich mit den Tomaten geklappt hat.

Feuertopf-Kartoffeln

VEGAN

4–6 Portionen 30 Min.

Feuerkartoffeln ohne Alufolie? Irgendeine Möglichkeit sollte es doch geben, diese aromatischen Feuerkartoffeln zu grillen, ohne unnötig Müll zu produzieren. Ich suchte wirklich lange nach einer Lösung für mich. Natürlich kann man die Kartoffeln einfach so in die Glut legen und danach aus der verkohlten Schale pellen. Man kann sie auch in Lehm packen – aber wer hat schon Lehm direkt an der Feuerstelle?

Ich hatte die Suche schon fast aufgegeben, als mich im Rahmen eines meiner schönsten Wochenenden, einem Fotoworkshop in Mecklenburg bei den Machern von „Krautkopf", Yannic und Susann mit der simplen Lösung überraschten:

Wir haben die meisten Gerichte draußen am Lagerfeuer gekocht. Yannic hat am letzten Tag die gewaschenen Kartoffeln halbiert, mit reichlich Rapsöl und Salz in den Feuertopf getan und den Topf dann an den Rand der Glut gestellt. Das Ergebnis war umwerfend, die Kartoffeln waren außen knusprig, innen weich und sehr aromatisch. Das Rapsöl hat die Kartoffeln mit seiner buttrigen Note hervorragend ergänzt.

Die vielen Inspirationen, die ich an diesem Wochenende mitnehmen durfte und die tolle Zeit, die wir miteinander verbrachten, waren einmalig. Wer sich für Fotos rund um das Thema Kochen interessiert, sollte unbedingt mal einen Blick auf die Seiten der Teilnehmer werfen:

Yannic & Susann: www.kraut-kopf.de
Marina: www.piroggi.com
Sophia: www.inserchof.best
Paula: www.kokosschnute.com
Conny: www.ckahr.com

500 g festkochende, eher kleine Bio-Kartoffeln
Rapsöl
Salz & Pfeffer nach Wahl, frisch gemahlen

1. Die gewaschenen Kartoffeln mit Schale halbieren. Einen großzügigen Schuss Rapsöl in den Feuertopf gießen und die Kartoffeln dazugeben. Gut salzen und den Deckel daraufsetzen.
2. Den Topf leicht in die Glut bzw. an den Rand der Glut stellen und immer wieder umrühren, damit die Kartoffeln von allen Seiten schön knusprig werden. Der Duft, wenn man den Deckel abnimmt, ist einfach unbeschreiblich.
3. Die Kartoffeln sind nach etwa 20 Minuten fertig.

Rosmarin-Kartoffeln

VEGAN

4–6 Portionen

40 Min.

500 g festkochende Bio-Kartoffeln
2 Stängel Rosmarin
ca. 6 EL Olivenöl
Meersalz, frisch gemahlen
Pfeffer nach Wahl, frisch gemahlen

1. Die Kartoffeln waschen, mit der Schale der Länge nach halbieren.
2. Den Backofen auf 200 °C vorheizen.
3. Kartoffeln mit Olivenöl, Rosmarinnadeln ohne Stängel und Salz in eine große Schüssel geben und gut vermischen.
4. Auf das Backblech geben (evtl. vorher mit Backpapier auslegen) und je nach Größe 20–40 Minuten auf der mittleren Schiene backen.
5. Herausnehmen, mit Pfeffer abschmecken. An der Feuerstelle einfach nochmal kurz in einer Pfanne anwärmen und genießen. Dazu passen das Zaziki oder der Sauerrahm-Dip (beide s. S. 35).

BURGER
SENF
WICHES
VEGGIE
BURGE
STEA
BURGE
Austern
ANTIPASTIBU

BAM
LAGERFEUER
LIEBE

BURGERBUNS

15 Min.
Ruhezeit: 20 Min.
Backzeit: 15–20 Min.

6–8 Buns

30 g Butter
100 ml Milch
½ Pck. Trockenhefe
350 g Mehl
1 Ei, getrennt
1 Ei
2 TL Ahornsirup
1 TL Salz

Sesamsaat zum Verzieren

Um die Buns zu formen, die Hände vorher mit etwas Olivenöl einfetten.

TIPP

VEGGIE

1. Die Butter in der Milch bei mittlerer Hitze schmelzen, dann abkühlen lassen, bis die Milch lauwarm ist. Die Hefe dazugeben und darin auflösen.
2. Das Mehl in eine große Schüssel geben, eine Mulde in der Mitte formen und die Hefe-Butter-Milch hineingeben. Mit etwas Mehl anrühren, mit Mehl bedecken und kurz ruhen lassen.
3. Den Backofen auf 50 °C vorheizen.
4. Ein Eigelb und das Ei mit Sirup und Salz verquirlen. Zum Mehl und der Hefe-Milch-Mischung geben und mit den Händen oder einer leistungsstarken Küchenmaschine einen festen Teig herstellen. Falls der Teig zu trocken ist, etwas Milch zugießen, ist er zu feucht, mit etwas Mehl nachhelfen.
5. Den Teig in sechs bis acht gleich große Stücke teilen (sie sollten möglichst dasselbe Gewicht haben) und Burgerbuns daraus formen.
6. Die Buns auf einem mit Backpapier ausgelegten Backblech 20 Minuten im ausgeschalteten Backofen gehen lassen.
7. Das noch übrige Eiweiß mit 2 EL Wasser mischen, die Buns damit bestreichen und Sesam darauf streuen.
8. Die Brötchen zurück in den Ofen schieben und bei 200 °C auf der mittleren Schiene in ca. 15 Minuten fertig backen.

CIABATTA-BRÖTCHEN

Teigrezept, s. S. 41

30 Min.
Ruhezeit: 90 Min.
Backzeit: 5–10 Min.

6–8 Brötchen

VEGAN

1. Teig mindestens eine Stunde gehen lassen. Auf einer Unterlage mit reichlich Mehl den Teig so wenig wie möglich kneten. Sechs große oder acht kleine Brötchen formen und auf ein Backblech geben. Weitere 30 Minuten mit einem Küchentuch abgedeckt ruhen lassen.
2. Backofen auf 250 °C vorheizen. Backblech mit den Brötchen auf der mittleren Schiene und mit einer Schale mit Wasser einschieben. Durch den Wasserdampf und die hohen Temperaturen bekommen die Brötchen eine tolle Kruste.
3. Nach fünf Minuten die Temperatur auf 180 °C reduzieren und noch fünf bis zehn Minuten backen. Immer wieder nachsehen, die Brötchen sind fertig, wenn sie goldbraun sind und beim Klopftest hohl klingen.

TIPP

Meine Mutter macht den Teig immer abends und lässt ihn kalt im Kühlschrank gehen. So kann der Teig bis zu einer Woche im Kühlschrank bleiben und sie nimmt sich immer wieder frisch den Teig für Brötchen oder Focaccia ab.

AUSTERNPILZBURGER

VEGGIE

2 Portionen | 5 Min. | 15–20 Min.

2 Ciabatta-Brötchen, s. S. 54
1 Knoblauchzehe
etwas Olivenöl
150 g Austernpilze
Salz & schwarzer Pfeffer, frisch gemahlen
etwas Mehl
1 rote Zwiebel
4 EL Mayonnaise, gemischt mit 2 EL Sauerrahm, alternativ 4–6 EL Dipponnaise „Bärlauch"
1 Handvoll Salatblätter oder junger Spinat
1 Handvoll glattblättrige Petersilie, grob gehackt

1. Die Brötchen aufschneiden, kurz mit der Schnittseite nach unten auf den Grill legen, bis die Hälften knusprig sind. Die gerösteten Schnittflächen mit einer geschälten und halbierten Knoblauchzehe etwas einreiben, dann mit Olivenöl beträufeln.
2. Die Austernpilze putzen, harte Stielenden entfernen und die Pilze evtl. halbieren. Nun salzen, pfeffern und von beiden Seiten etwas mit Mehl bestäuben. Die Zwiebel schälen, je nach Größe halbieren und in Ringe schneiden.
3. Die Zwiebelringe und die Pilze von beiden Seiten braten, bis die Zwiebeln glasig und die Austernpilze schön gebräunt sind. Das geht in einer gusseisernen Pfanne auf dem Grillrost mit etwas Olivenöl am besten.
4. In der Zwischenzeit die Brötchenhälften mit der Mayomischung oder der Dipponnaise bestreichen. Gewaschene Salat- oder Spinatblätter auf die untere Hälfte legen, Austernpilze und Zwiebeln darauf platzieren. Zum Schluss die Petersilie darüber streuen und die Brötchendeckel aufsetzen.

Antipasti-Burger

VEGGIE

4 Portionen 7–10 Min. 40 Min.

1 Aubergine
1 Zucchini
Salz
2 Stängel Rosmarin
Olivenöl
1 rote Gemüsepaprika
1 rote Zwiebel
150 g Schafskäse
schwarzer Pfeffer, frisch gemahlen
Ciabatta-Brötchen, s. S. 54
1 Knoblauchzehe
8 Blätter Romanasalat

1. Aubergine und Zucchini waschen und putzen. Beide in längliche Streifen schneiden, salzen und fünf Minuten ziehen lassen.
2. Rosmarinnadeln fein hacken und mit etwas Salz und 8 EL Olivenöl vermischen.
3. Die Paprika waschen und der Länge nach in vier große Stücke schneiden, Kerne, Stiel und weiße Häutchen entfernen. Die Zwiebel schälen und in Ringe schneiden. Den Schafskäse in ca. ½ cm dicke Scheiben schneiden.
4. Auberginen- und Zucchinistreifen mit einem Küchentuch abtupfen, mit etwas Olivenöl bestreichen, salzen und pfeffern. Paprikastücke ebenso behandeln und das Gemüse auf den Grill legen. Von beiden Seiten jeweils grillen, bis das Gemüse gebräunt und weich ist.

5. Die Ciabatta-Brötchen aufschneiden und mit der Schnittseite auf den Grill legen, bis sie leicht angeröstet sind. Die Schnittflächen mit der geschälten, halbierten Knoblauchzehe einreiben und das Rosmarinöl darauf verteilen.
6. Mit Salat, Gemüse und Schafskäse belegen, die Brötchendeckel aufsetzen.

TIPP ***Wer den Burger gerne scharf liebt, gibt zum Kräuteröl noch etwas frisch gehackte Chilis.***

VEGAN ***Vegane Variante: Statt Schafskäse einfach festen Tofu in Scheiben schneiden, mit Thymian, Salz und Pfeffer nach Wahl würzen und scharf anbraten. Es gibt auch bereits fertig gewürzten Tofu, der dem Geschmack sehr nahe kommt. Auch Räuchertofu passt gut dazu. Die Auswahl im Bio-Laden ist inzwischen richtig groß.***

Veggieburger

VEGGIE

4–6 Portionen 20–30 Min.

1 TL Fenchelsaat
1 Msp scharfes Paprikapulver
1 TL edelsüßes Paprikapulver
1 TL Koriandersamen
½ TL Kreuzkümmelsamen
1 kleine Gemüsezwiebel, geschält und geviertelt
4 EL Vollkorn-Haferflocken
500 g Kidneybohnen
etwas Mehl
Bratöl
4 Laugenbrötchen
Burgersauce, s. S. 38
100 g Rucola, gewaschen und küchenfertig
16 Scheiben Salatgurke
1 rote Zwiebel, geschält und in Ringe geschnitten
Salz & schwarzer Pfeffer, frisch gemahlen

1. Fenchel, beide Paprikapulver, Koriander und Kreuzkümmel in den Mörser geben und fein zermahlen. Die Gewürze mit der Gemüsezwiebel, den Haferflocken und 100 g der Kidneybohnen im Mörser pürieren.
2. Die restlichen Kidneybohnen in eine Schüssel geben und mit einem Kartoffelstampfer oder den Händen grob zerdrücken. Das Bohnenpüree aus dem Mörser dazugeben und untermischen. Mit Salz und Pfeffer abschmecken. Falls die Masse zu klebrig ist, etwas Mehl untermengen.
3. Aus der Bohnenmasse Burger-Pattys formen: Dazu ein großes Brett mit etwas Mehl bestäuben, aus einem Viertel oder Sechstel der Masse darauf eine Kugel formen und diese zu einem Patty drücken. Er sollte von allen Seiten mit Mehl überzogen sein. Die restliche Masse ebenso verarbeiten. Fertige Pattys auf einen mit Mehl bestäubten Teller setzen und abgedeckt mit zum Grillplatz nehmen.
4. Etwas Bratöl in einer gusseisernen Pfanne auf dem Grill erhitzen. Die Burger von beiden Seiten darin braten, bis sie schön knusprig sind.
5. Die Brötchen aufschneiden und mit der Schnittseite nach unten kurz auf dem Grill anrösten. Die unteren Brötchenhälften jeweils mit etwas Burgersauce bestreichen. Rucola sowie je vier Scheiben Gurke und ein paar Zwiebelringe darauf platzieren. Den Bohnenburger darauf setzen, evtl. noch mit etwas Burgersauce abschließen und die oberen Brötchenhälften auflegen.

Für eine vegane Variante die Mayonnaise in der Burgersauce einfach durch eine vegane Mayonnaise ersetzen. TIPP

Ich habe ein paar Versuche mit vegetarischen Burger-Pattys gemacht und dieses Rezept ist die Essenz aller Varianten. Hauptbestandteil sind die Kidneybohnen. Und da die mich immer ein bisschen an Chili con Carne erinnern, bin ich auch bei der Würze in diese Richtung gegangen. Herausgekommen ist dabei ein feines Burger-Rezept mit einer mexikanischen Note. Wer mag, kann man den Burger auch mit einer ordentlichen Schärfe zubereiten, die gut dazu passt.

Grillanzünder, selbst gemacht, s. S. 13

Unser treuer Begleiter

Gut gefülltes Buffet

CHILI CLUBSENFWICH

VEGGIE

4 Portionen **5 Min.** **30 Min. Zeit zum Marinieren: 1 Std.**

4–6 EL scharfer Senf oder Chili-Senf
1 Bio-Zitrone, Schalenabrieb und Saft
2 EL Sojasauce
1 TL Honig, flüssig
7 EL Olivenöl
*400 g Halloumi **
4 Eier
12 Scheiben Toast
4 EL Mayonnaise
Salz & schwarzer Pfeffer, frisch gemahlen
2 Tomaten, in Scheiben geschnitten
1 rote Zwiebel, geschält, in feine Ringe geschnitten
4 große Salatblätter (z. B. Kopf- oder Eichblattsalat)

*Halloumi ist ein halbfester Ziegen-, Schafs- oder Kuhmilchkäse aus dem Mittelmeerraum, den es inzwischen in fast jedem Kühlregal gibt.

1. 1 EL Senf, 3 EL Zitronensaft, Zitronenschale, Sojasauce, Honig und 5 EL Olivenöl zu einer Marinade verrühren und mit Salz und Pfeffer abschmecken.
2. Den Halloumi in acht gleich dicke Scheiben schneiden und in der Senfmarinade eine Stunde einlegen, danach abtropfen lassen.
3. Die Scheiben auf dem Grill bei mittlerer Hitze fünf Minuten von jeder Seite grillen.
4. Inzwischen in einer gusseisernen Pfanne auf dem Grillrost aus den Eiern Spiegeleier braten. Die Toastscheiben auf den Grill legen und toasten.
5. Die untere Toastscheibe mit Mayonnaise bestreichen, Spiegelei und Tomaten auflegen. Die mittlere Toastscheibe mit 1 EL Senf bestreichen und je zwei Halloumi-Scheiben, Zwiebelringe und Salatblatt darauflegen. Den Toastdeckel mit Senf bestreichen und darauf setzen. Das Senfwich anschließend diagonal halbieren.

TIPP

Statt Halloumi kann man auch Tofu verwenden. Wenn man ihn einen Tag vorher in der Marinade einlegt, schmeckt er umso besser.

BURGER MEISTER

4 Portionen

5–10 Min.

30–40 Min.

½ TL Koriandersamen
½ TL Fenchelsamen
Bio-Zitrone, 1 Msp. Schalenabrieb
1 Prise Muskatnuss
1 Knoblauchzehe
Salz & schwarzer Pfeffer, frisch gemahlen
400 g Rinderhackfleisch
4 Gewürzgurken
1 Tomate
1 rote Zwiebel
4 Ciabatta-Brötchen, s. S. 54
2 EL Mayonnaise
2 EL mittelscharfer Senf
4 große Salatblätter
2–4 EL BBQ-Sauce. z. B. Dirty-Harry
4 Scheiben Chili-Käse oder andere, würzige Käse

1. In einem Mörser Koriandersamen, Fenchelsamen, Zitronenabrieb, Muskatnuss, geschälte Knoblauchzehe, 1½ TL Salz und 1 TL Pfeffer zu einer Paste zerstoßen.
2. Das Hackfleisch mit der Würzpaste verkneten, mit Salz nochmal abschmecken und daraus vier Burger-Pattys formen, die alle dasselbe Gewicht haben sollten.
3. Tomaten waschen, Gewürzgurken und Tomaten in Scheiben schneiden, bei der Tomate den Strunk entfernen. Zwiebel schälen und in Ringe schneiden.
4. Die Brötchen aufschneiden und mit den Schnittflächen auf den Grillrost legen, bis sie knusprig sind. Dann die unteren Hälften auf Tellern platzieren. Mit Mayonnaise und Senf bestreichen, Salatblätter, Gurken- und Tomatenscheiben darauf legen. Auf den Schnittflächen der Brötchendeckel etwa 2–4 EL der rauchigen BBQ-Sauce verteilen.
5. Die Burger-Pattys auf den Grill legen und von beiden Seiten zwei bis fünf Minuten grillen, ganz nach Geschmack und gewünschtem Garpunkt.
6. Kurz bevor die Pattys fertig sind, je eine Scheibe Käse darauf platzieren und schmelzen lassen.
7. Die würzigen Burger-Käse-Pattys auf die belegten Brötchenhälften geben und die Deckel darauf setzen – fertig ist der absolute Meister unter den Burgern!

Es war Sonntag und ich hatte kein Hackfleisch für Burger im Haus. Was ich allerdings hatte, waren italienische Salsiccia-Würste. Aus deren Brät habe ich dann die Burger-Pattys geformt. Das war so lecker, dass ich jetzt meine Burger nur noch so esse. Allerdings stelle ich mittlerweile die „Salsiccia-Gewürzmischung" selber her.

Nürnburger

4 Portionen

5–10 Min.

15–20 Min.

Die Idee zu diesem Rezept entstand aus der Not heraus, denn die typischen Reste auf Grillfesten sind vor allem die kleinen Nürnberger „Bradwürschdl", wie man bei uns sagt. Die hat man zur Sicherheit ja immer dabei, bevor man auf der Party verhungert… Der Nürnburger ist also eine Resteverwertung par excellence – und die kleinen Würste schmecken ja manchmal gerade am Tag nach der Party erst so richtig gut.

1 weiße Zwiebel
½ Apfel
50 ml Weißwein
200 g Sauerkraut
1 Msp. Kümmelsaat
Salz & schwarzer Pfeffer, frisch gemahlen
4 Laugenbrötchen oder Ciabatta-Brötchen, s. S. 54
1 EL Butter
12 Nürnberger Bratwürste

1. Die Zwiebel schälen und den Apfel waschen, das Kerngehäuse entfernen und nach Geschmack ebenfalls schälen. Zwiebel und Apfelhälfte in feine Würfel schneiden und in einer gusseisernen Pfanne mit 1 EL Butter anrösten. Mit dem Weißwein ablöschen und kurz einkochen lassen. Das Sauerkraut und den Kümmel unterrühren. Mit Salz und Pfeffer abschmecken.
2. Die Brötchen halbieren und mit der Schnittfläche auf den Grill legen, um sie anzurösten. Danach etwas Butter auf den Schnittflächen verstreichen.
3. Parallel dazu die Bratwürste grillen, bis sie gar und schön gebräunt sind.
4. Auf die unteren Brötchenhälften das Sauerkraut und je drei Würste geben, jeweils die Deckel auflegen.

TIPP

Senf schmeckt immer – und hierfür am besten einen Lieblingssenf verwenden!

Steaksandwich

Salz & schwarzer Pfeffer, frisch gemahlen
2 Zweige Thymian
4–5 EL Olivenöl
2 Rinderhüft- oder Rumpsteaks
1 Baguette
1 Knoblauchzehe
2–3 EL Mayonnaise
1 großzügige Handvoll Rucola
2 große Tomaten
5–7 EL BBQ-Sauce, z. B. Dirty-Harry
1 gute Handvoll frisch gehobelter Parmesan

4–6 Portionen

15–40 Min.

30–40 Min.
Ruhezeit: 10 Min.

1. Salz, Pfeffer und Thymian auf einem Brett verteilen. Die Steaks mit etwas Olivenöl benetzen und anschließend fest in die Gewürzmischung auf dem Brett drücken. Das Fleisch auf dem Grillrost zartrosa grillen (siehe Tipps rechts).
2. Während das Fleisch gart, das Baguette der Länge nach halbieren und auf den Grillrost legen, bis es rundum knusprig ist. Anschließend die Schnittflächen mit einer geschälten und halbierten Knoblauchzehe einreiben und mit Olivenöl beträufeln.
3. Die untere Hälfte des Baguettes mit Mayonnaise bestreichen und mit Rucola belegen. Die Tomaten in Scheiben schneiden, Strunk entfernen und die Tomatenscheiben auf dem Rucola platzieren.
4. Die Steaks in Streifen schneiden und auf die Tomaten legen. Die BBQ-Sauce nach Belieben darauf verteilen. Die Sauce verleiht dem Sandwich das typisch amerikanisch-würzige Raucharoma. Für den absoluten Umami-Kick noch den gehobelten Parmesan darüber streuen, obere Baguettehälfte drauf, freuen und gemeinsam genießen.

Besonders gut eignen sich für solche Sandwiches auch Flanksteaks (Bavette, Dünnung), die sehr schnell fertig sind und kaum noch nachgaren müssen.

TIPPS FÜR EIN PERFEKTES STEAK

TIPPS

· Die QUALITÄT muss stimmen – kauf' beim Metzger vor Ort, beim Hofladen oder mindestens an der Fleischtheke Deines Vertrauens. Am besten in Bio-Qualität.

· Fleisch nicht überWÜRZEN, bevor es auf den Grill kommt: leichtes Salzen bzw. Würzen (wenn überhaupt) reicht völlig aus. Nachsalzen kann man danach immer noch (falls nötig, siehe Qualität).

· Dem Steak zwei RUHEPAUSEN gönnen: Bevor es auf den Grill kommt (damit es Zimmertemperatur erreicht und nicht eisgekühlt auf dem Grill landet) und 5–10 Min. nachdem es fertig gegart ist.

· Es gibt zwei Möglichkeiten, den TEMPERATURVERLAUF zu nutzen: Erst auf ganz hoher Temperatur (ca. 220–250 °C) ca. 3 Minuten von jeder Seite, dann mit niedriger Temperatur (also am Rand des Grillrostes) fertig garen (je nach Fleischdicke und -stück 5–25 Min., am besten eingewickelt in dickes Grillpapier, eine gute Alternative zur Alufolie). Oder mit einer niedrigen Temperatur beginnen und das Steak bei ca. 100–120 °C 30–40 Min. garen oder räuchern (dann hat es eine Kerntemperatur von etwa 75–80 °C) und ihm dann von beiden Seiten ordentlich einheizen. Den Gargrad kann man entweder mit einem Thermometer oder mit der Handballenmethode* bestimmen.

* Handballenmethode: Je nachdem, wie gut sich das Fleischstück eindrücken lässt bzw. wie elastisch es noch ist, kann man dies gut mit dem eigenen Handballen vergleichen, indem man unterschiedliche Finger gegeneinander drückt und dann den Handballen zum Vergleich eindrückt: Daumen + Zeigefinger = medium rare; Daumen + Mittelfinger = medium; Daumen + Ringfinger = medium, Daumen + kleiner Finger = well done.

HAUPTGERICHTE
KÄSSPÄTZL
Spinatspätz
mit Gorgon
GNOCCHI IN
SALBEIBUT
KÄSEFON
Gemüse-Feue
Garnelenpfa
Gulasch mit Polen
RACLET
1 TOPF
FEUERKÄSE
Linguine mit Ga
Risotto mit Wald
Gemüsebrühe mit Flädle
Spaghetti mit Pilzen / Gegrillte Pol
Gemüse im Tempurateig / Feuerkä
Kräuterpfannkuchen / Pizza Lisa
Schupfnudeln auf Weißwein-Sauerkraut
Rahmschwammerl mit Semmelknödel
Zwiebelsuppe mit Käsebrot
Chili con & sin Carne

PIZZA
Spaghetti mit Waldpilzen
PASTA

Zwiebelsuppe

4 Portionen 45–50 Min.

VEGGIE

Ein Gericht, das man super mit mehreren Leuten am Lagerfeuer kochen kann. Gerade nach einem langen Waldspaziergang ist das die beste Methode, um sich wieder aufzuwärmen. Während die Suppe vor sich hin köchelt, steht man gemeinsam ums Feuer, wärmt sich von außen auf und freut sich aufs Essen. Und von innen sorgt dieses duftende Herbstrezept für wohlige Wärme.

1 kg gemischte Zwiebeln (rote und weiße, Lauch- bzw. Frühlingszwiebeln)
4 Knoblauchzehen
20 g Butter
2 EL Olivenöl
7 Salbeiblätter
Salz & schwarzer Pfeffer, frisch gemahlen
2 l Gemüsebrühe, s. S. 75
1 EL mittelscharfer Senf
8 Bauernbrotscheiben
100 g Bergkäse
Schnittlauch, in Röllchen geschnitten, nach Geschmack

1. Rote und helle Zwiebeln schälen, halbieren und in Ringe schneiden. Die Wurzeln und harten Enden der Lauchzwiebeln entfernen, Lauchzwiebeln ebenfalls in Ringe schneiden. Drei Knoblauchzehen schälen, halbieren und in feine Scheiben schneiden.

2. Butter und Olivenöl in einer Pfanne erhitzen. Zwiebeln, Lauchzwiebeln, Knoblauch und Salbei darin anschwitzen. Eine gute Prise Salz und Pfeffer dazugeben und bei mittlerer Hitze und geschlossenem Deckel 25 Minuten garen.

3. Die Brühe zugießen und 10–15 Minuten köcheln lassen. Mit Salz und Pfeffer sowie Senf abschmecken.

4. Brotscheiben auf dem Grill von beiden Seiten anrösten, dann mit einer geschälten und halbierten Knoblauchzehe einreiben und etwas Bergkäse darüber reiben. Nochmals kurz auf den Grill legen, damit der Käse schmilzt.

5. Suppe in einen Becher oder eine Schale geben, Knoblauch-Käsebrot darauf legen und servieren. Nach Geschmack noch frisch gemahlenen Pfeffer und etwas Schnittlauch über den geschmolzenen Käse geben.

Gemüsebrühe mit Kräuterflädle

4 Portionen

45–50 Min.

VEGGIE

1 große Gemüsezwiebel
Olivenöl
3 l Wasser
1 Karotte
1 Petersilienwurzel oder Pastinake
1 Lauch
50 g Knollensellerie
5 Wacholderbeeren
1 Lorbeerblatt
5 schwarze Pfefferkörner
5 Pimentkörner
1 Prise Muskatnuss, frisch gerieben
6 Stängel Petersilie (ohne Grün)
3 Knoblauchzehen, geschält und angedrückt
Salz
Kräuterpfannkuchen, s. S. 87
½ Bund Schnittlauch, in Röllchen geschnitten

Für dieses Rezept habe ich viel ausprobiert und Tipps gesammelt. Mittlerweile gelingt mir die Gemüsebrühe so gut, dass sie zu einem meiner Standardrezepte geworden ist. Denn sie eignet sich außerdem richtig gut zum Verfeinern von Risotti oder Saucen. Ich koche meist so viel davon, dass ich für die gesamte Woche einen Vorrat im Kühlschrank habe. Selbstverständlich lässt sich die Brühe auch portionsweise einfrieren.

1. Die Zwiebel mit Schale halbieren, etwas Öl in eine Pfanne geben und die Zwiebel darin dunkelbraun anrösten (die Röstzwiebel zusammen mit der Zwiebelschale gibt der Suppe die schöne dunkle Farbe). In einen großen Topf geben und mit Wasser übergießen.
2. Das Gemüse grob zerkleinern, putzen bzw. waschen und falls nötig schälen. Alles Gemüse mit den Gewürzen, der Petersilie, dem Knoblauch und etwas Salz in den Topf geben. Kurz aufkochen und dann auf mittlerer Hitze ca. 50 Minuten abgedeckt köcheln lassen.
3. In der Zwischenzeit die Kräuterpfannkuchen von Seite 87 zubereiten, einrollen und in feine Streifen schneiden.
4. Das Gemüse aus der Brühe schöpfen, in kleine Würfel schneiden und als Suppeneinlage beiseite stellen. Die Petersilienstängel und Wacholderbeeren, Lorbeerblatt, Pfeffer- sowie Pimentkörner aus der Brühe entfernen.
5. Die Brühe mit Salz abschmecken, in Schüsseln oder tiefe Teller gießen, Kräuterflädle und Gemüseeinlage dazugeben, mit Schnittlauchröllchen bestreuen und servieren.

TIPPS

Die Reste der Brühe in eine Flasche abfüllen und in den Kühlschrank stellen. So hat man immer wieder selbstgekochte Gemüsebrühe, um Speisen zu verfeinern oder eine schnelle Suppe zuzubereiten.
Eine vegane Variante bekommt man, wenn man beim Pfannkuchenteig einfach die Milch durch pflanzliche Milch ersetzt.

VEGAN

GEMÜSE IM TEMPURATEIG

VEGGIE

4 Portionen | 5 Min. | 30 Min.

350 g Weizen- (Type 405) oder Dinkelmehl (Type 630)
400 ml kaltes Mineralwasser mit Kohlensäure
ca. 1 kg saisonales Gemüse, z. B. rote Zwiebeln, Romanesco, Brokkoli, Zucchini, Gemüsepaprika, Aubergine
Rucola zum Garnieren

Öl zum Frittieren

Sauerrahm-Dip, s. S. 35

Es war zuerst nur ein Versuch, aber das Ergebnis hat mich völlig begeistert! Den einfachen Teig kenne ich von meiner Mutter, sie frittiert damit z. B. Ziegenkäse. In meiner Wohnung frittiere ich eher ungern, weil mich der in den Gardinen hängende Duft mindestens eine Woche an die kulinarische Köstlichkeit erinnert. Denn auch dafür ist ein Lagerfeuer ideal, denn unter freiem Himmel lässt es sich hervorragend frittieren. Den Teig setze ich zuhause oder direkt am Lagerfeuer an. Dazu noch das frische Gemüse aus dem Garten in mundgerechte Stücke schneiden, kurz im Tempurateig einlegen und über dem Feuer in einem großen Topf frittieren. Mit frischem Sauerrahm-Dip und Fladenbrot ganz einfach, aber ein Hochgenuss!

1. Das Gemüse waschen, putzen oder schälen und in Scheiben, Ringe oder Würfel schneiden.
2. Das Mehl und Mineralwasser zu einem flüssigen Teig verrühren. Der Teig sollte etwas flüssiger als Pfannkuchenteig sein. Zum Testen ein Gemüsestückchen hineintauchen; bleibt beim Herausnehmen eine Teigschicht kleben, ist er richtig.
3. In einem Topf auf dem Feuer das Öl erhitzen. Heiß genug ist es, wenn sich um einen hineingesteckten Kochlöffel aus Holz kleine Bläschen bilden. Das Gemüse in den Teig tauchen und gleich ab ins Öl zum Frittieren. Es ist fertig, wenn es von allen Seiten schön knusprig und goldbraun ist. Ich arbeite hier gerne mit einer Küchenpinzette, um das Gemüse einzeln herauszufischen.
4. Auf einem alten, aber sauberen Küchentuch etwas abtropfen lassen, dann auf Teller verteilen, mit Rucola garnieren und den Dip dazugeben.

TIPPS

Dazu passt auch hervorragend das Fladenbrot von Seite 43.
Bei der Auswahl der Gemüse experimentierfreudig sein: Einfach alles ausprobieren, was der Gemüsehändler so im Angebot hat (und was nicht allzu lange garen muss). Meine Favoriten mit Überraschungseffekt sind z. B. vorgegarte Rote Bete oder Kartoffeln vom Vortag.
Rote Zwiebelringe dürfen auf keinen Fall fehlen! Wer es gerne würziger mag, kann gerne auch Rucola oder Pimientos de Padrón ausprobieren.

GEGRILLTE POLENTA

MIT TOMATENSALAT

4 Portionen | 7–10 Min. | 30–40 Min. Ruhezeit: 10 Min.

VEGGIE

600 ml Gemüsebrühe, s. S. 75
200 g Polenta (Maisgrieß)
1 rote Zwiebel
5 EL weißer Balsamico
Olivenöl nach Bedarf
250 g Feta
2 EL fruchtiger Senf, z. B. Mango- oder Feigensenf
4 EL Olivenöl
800 g reife Tomaten nach Wahl, gewaschen und geputzt
2 Handvoll Pflücksalat
1 Handvoll Basilikum
Salz & schwarzer Pfeffer, frisch gemahlen

Zaziki, s. S. 35

1. Die Gemüsebrühe aufkochen und die Polenta einrieseln lassen. Bei mittlerer Hitze stetig rühren. Nach ca. 10 Minuten dickt die Polenta ein und muss dabei immer wieder gerührt werden.
2. Die Zwiebel schälen, halbieren, in Ringe schneiden, salzen und mit dem Balsamico marinieren, beiseite stellen.
3. Die Polenta vom Herd nehmen und noch heiß auf ein leicht eingeöltes Blech oder auf Backpapier streichen und ein paar Minuten abkühlen lassen.
4. Den Feta würfeln und mit dem Senf in den lauwarmen Polentateig kneten.
5. Die Polentamasse mit einem Löffel oder den Händen zu einer 1–2 cm dicken, glatten Platte ausstreichen. Mit einem Messer ca. 10 × 10 cm große Quadrate ausschneiden und die Polenta vollständig abkühlen lassen.
6. Nun das Dressing für den Tomatensalat zubereiten: Die Zwiebelmarinade in ein Schraubglas mit Deckel abgießen. Olivenöl, Salz und Pfeffer dazugeben, Schraubglas gut verschließen und schütteln, bis eine homogene Mischung entsteht.
7. Die Tomaten je nach Größe in Scheiben schneiden oder halbieren, dabei jeweils den Strunk entfernen. Die Tomaten auf Tellern anrichten und mit den Zwiebeln belegen. Jeweils etwas Dressing darüber geben und mit Basilikumblättern nach Geschmack garnieren. Die Salatblätter waschen, trocken schleudern und in mundgerechte Stücke zupfen.
8. Die Polenta-Quadrate auf den heißen Grill legen und jede Seite etwa fünf Minuten bräunen.
9. Jeweils zwei bis drei Stück zum Tomatensalat geben, Salatblätter hinzufügen und mit dem Gurkendip genießen.

Garnelenpfanne

2 Portionen 15 Min.

2 Knoblauchzehen
½ Chilischote
12 küchenfertige Garnelen, ohne Köpfe
1 Ciabatta, s. S. 43
Olivenöl
125 ml Weißwein
½ Bund glattblättrige Petersilie
Salz & schwarzer Pfeffer, frisch gemahlen

Wenn es bei mir Garnelen gibt, ist das etwas ganz Besonderes. Entweder esse ich sie zu Nudeln (wie auf Seite 96) oder wie in diesem Rezept einfach mit einem guten Ciabatta.

1. Knoblauch schälen und in feine Scheiben schneiden oder fein würfeln. Die Chilischote längs halbieren, entkernen und in feine Streifen schneiden. Mit einem kleinen Stück vortesten, wie scharf die Chili ist, und je nach Geschmack mehr oder weniger davon verwenden. Mit einem scharfen Messer die Schale der Garnelen an der Oberseite einschneiden und den Darm entfernen.
2. In einer großen, gusseisernen Pfanne einen guten Schuss Olivenöl erhitzen. Knoblauch und Chilischote darin leicht anschwitzen, damit das Öl dabei das Aroma schön aufnehmen kann. Beides wieder aus der Pfanne nehmen und die Garnelen von jeder Seite etwa drei Minuten scharf anbraten. Knoblauch und Chili wieder dazugeben, mit Weißwein ablöschen und etwas reduzieren.
3. Die Petersilie kurz überbrausen, trocken schütteln und grob hacken.
4. Die Garnelen salzen und pfeffern, die Pfanne von der Hitzequelle ziehen, die Petersilie darüber geben und am besten direkt aus der Pfanne genießen.

Noch einen Spritzer Zitronensaft dazugeben oder den Weißwein weglassen und nur etwas Zitronensaft verwenden.

TIPP

Gemüse-Feuertopf

4–6 Portionen 1 Std. VEGGIE

1 große Zucchini
1 Pastinake
1 Karotte
3 Knoblauchzehen
1 Lauchstange
4 halbfest kochende Kartoffeln
2 Zwiebeln
100 g Knollensellerie
Olivenöl
50 g Gerstengraupen
2 l Wasser oder Gemüsebrühe, s. S. 75
½ Bund glattblättrige Petersilie
1 TL edelsüßes Paprikapulver
1 Prise Muskatnuss, frisch gerieben
1 Lorbeerblatt
1 Msp. scharfes Paprikapulver
100 g Schmand (optional)
Salz & schwarzer Pfeffer, frisch gemahlen

In meinem kleinen Bauerngarten habe ich jedes Jahr Zucchini ohne Ende. Kein Jahr lerne ich dazu und pflanze statt einer Zucchinipflanze vier oder fünf. Irgendwann kommt dann immer der Punkt, an dem ich mit dem Ernten nicht mehr hinterherkomme und „Riesen-Zucchini" im Beet habe. Die haben meist schon eine härtere Schale und große Kerne. Für feine Antipasti sind diese Zucchini nicht mehr geeignet, allerdings kann man aus ihnen großartige Eintöpfe machen. Selbst nach längerem Kochen bleiben sie irgendwie noch knackig.

Diejenigen, die keine „Monsterzucchini" im Garten haben, kochen das Ganze einfach mit normalen Zucchini. Oder wie wäre es als Variante mit Kürbis? Oder statt der Graupen mit Bohnen? Das Schöne am Eintopf überm Feuer ist doch, dass es unkompliziert ist, man gemütlich mit Freunden zusammen sitzt und sich gemeinsam darauf freuen kann, endlich eine Schüssel dampfender Köstlichkeit zu genießen.

1. Das Gemüse noch in der Küche wenn nötig schälen oder waschen und in mundgerechte Würfel und Scheiben schneiden. Dann z. B. in Gläser füllen und mit zum Grillplatz nehmen.
2. Einen guten Schuss Olivenöl in den Feuertopf geben, dann alle Gemüse und die Stängel der Petersilie hinzufügen und darin anschwitzen. Die Petersilienblätter grob hacken und beiseite stellen.
3. Graupen und Zucchini dazugeben und kurz mitgaren. Gewürze und etwas Salz hinzufügen und mit Wasser oder Brühe ablöschen.
4. Das Ganze abgedeckt etwa 20–30 Minuten köcheln lassen.
5. Mit Salz, Pfeffer und evtl. anderen Gewürzen abschmecken.
6. Den Eintopf in tiefen Tellern mit einem Klecks Schmand und etwas Petersilie servieren.

Wer Knoblauch liebt, gibt mit den Zucchini noch ein bis zwei kleingehackte Knoblauchzehen dazu.

TIPP

FEUERKÄSE

FÜR CATALINA

2 Portionen **15–20 Min.**

1 EL Butter
500 g würziger, runder Weichkäse, am Stück, z. B. Brie oder Camembert
Kräuter nach Belieben, z. B. Rosmarinspitzen, Thymian- und Salbeiblättchen
2 Knoblauchzehen
Salz & schwarzer Pfeffer, frisch gemahlen
½ Chilischote, nach Belieben, in feine Würfel geschnitten

1 Baguette oder Bauernbrot

1. Butter in einer gusseiserne Pfanne bei mittlerer Hitze schmelzen.
2. Den Käse in die Pfanne geben und ca. 5 Minuten leicht anbräunen. Dann den Käse umdrehen und wie beim Ofenkäse ein Kreuz in die obere Rinde schneiden und die Enden nach außen klappen.
3. Knoblauch schälen und in feine Stifte schneiden. Zusammen mit den Kräutern den Käse damit spicken.
4. Den Käse mit einem Topfdeckel abdecken und etwa 5 Minuten weiter schmelzen lassen. Wenn er innen ganz geschmolzen ist, mit Salz und Pfeffer abschmecken und evtl. noch Chiliwürfel darüber geben. Mit Brotwürfeln und Gabeln wie beim Fondue oder auf Brotscheiben servieren.

Meine Schwester Catalina liebt Ofenkäse. Nur hatten wir hin und wieder das Problem, dass sie unbedingt Ofenkäse machen wollte, ich aber nur Grillen im Sinn hatte. Also mussten wir beides irgendwie unter einen Hut bringen. Ich war mir relativ sicher, dass man den Geschmack und die Konsistenz auch über dem Feuer hinbekommt. Also konnte ich sie davon überzeugen, dass wir den Versuch starten, einen Feuerkäse für sie zu kreieren. Mit einem wunderbaren Weichkäse von der Käsetheke des örtlichen Bio-Ladens bewaffnet machten wir uns auf den Weg zur Feuerstelle. Dort angekommen, bekam ich zwar kurz Zweifel, ob meine Schwester eventuell enttäuscht wieder nach Hause gehen würde … aber es hat zum Glück richtig gut geklappt. Catalina war hochzufrieden und der Feuerkäse auf der Grill-Hitliste!

KRÄUTERPFANNKUCHEN

mit Käse und Tomaten

4–6 Portionen

30–40 Min.
Ruhezeit: 5 Min.

VEGGIE

50 g gemischte Kräuter (Petersilie, Basilikum, Schnittlauch)
16 Cocktail-Tomaten
160 g Bergkäse
200 g Sauerrahm
Salz & schwarzer Pfeffer, frisch gemahlen

300 g Weizen- (Type 405) oder Dinkelmehl (Type 630)
400 ml Milch
3 Eier
Salz
1 Prise Muskatnuss, frisch gerieben
Butter oder Öl zum Braten

1. Petersilie, Schnittlauch und Basilikum grob hacken, Tomaten halbieren oder vierteln.
2. Käse grob reiben. Sauerrahm in eine Schüssel oder ein großes Schraubglas geben und mit Salz und Pfeffer abschmecken.
3. Aus Mehl, Milch, Eiern, ½ TL Salz und etwas Muskatnuss den Teig anrühren. Bei Bedarf noch etwas mehr Milch oder Mehl hinzufügen. Dann drei Viertel der Kräuter unterrühren und den Teig kurz ruhen lassen.
4. Eine Pfanne auf den Rost über dem Feuer stellen. Butter oder Öl hineingeben und Pfannkuchen ausbacken. Nach dem Wenden etwas Käse darüber geben, damit er anschmelzen kann, dann umklappen und auf einen Teller legen.
5. Ein paar der Tomaten und einige Kleckse Sauerrahm darüber träufeln, pfeffern und eventuell noch salzen.

TIPP

Wenn Pfannkuchen übrig bleiben, einfach in feine Streifen schneiden und am nächsten Tag in einer leckeren Gemüsekraftbrühe (s. S. 72) genießen. Ich friere die „Flädle" auch gerne ein, so hat man immer eine tolle Suppeneinlage griffbereit.

Diese Kombination aus fruchtig-frischen Tomaten, Sauerrahm, Käse und frischen Kräutern liebe ich. Die Kräuterpfannkuchen sind echt bodenständiges Soulfood, vor allem in der Tomatensaison ein Dauergast auf unseren Tellern mit frischen Tomaten vom Balkon oder aus dem Garten. Das Rezept ist für 8–10 Pfannkuchen, ihr könnt also auch ein paar Gäste damit glücklich machen.

GNOCCHI IN SALBEIBUTTER

VEGGIE

4 Portionen 1 Std.

1 kg mehlig kochende Kartoffeln
Salz
1 Prise Muskatnuss, frisch gerieben
1 Ei
50 g Weizen- oder Dinkelgrieß
ca. 100 g Weizen- (Type 405) oder Dinkelmehl (Type 630)
Grieß und Mehl für die Arbeitsfläche
2 EL Butter
16 Salbeiblätter
50 g Parmesan
schwarzer Pfeffer, frisch gemahlen

1. Kartoffeln mit der Schale in kochendem Wasser weich garen. Die Pelle abziehen und noch warm durch eine Kartoffelpresse drücken.
2. Den lauwarmen Kartoffelstampf mit Salz, Muskatnuss, Ei und Grieß gut vermengen. Das Mehl nach und nach dazukneten, bis die Masse nicht mehr klebt und ein glatter Teig entsteht. Die Mehlmenge richtet sich nach der Kartoffelsorte.
3. Etwas Mehl und Grieß auf die Arbeitsfläche geben und portionsweise den Teig zu einer daumendicken Rolle formen. Mit dem Messer in 2–3 cm große Gnocchi schneiden.
4. Salzwasser in einem Topf aufkochen, die Hitze reduzieren und die Gnocchi etwa ein bis zwei Minuten im siedenden Wasser ziehen lassen. Sobald sie an die Oberfläche kommen, mit der Schaumkelle abschöpfen. Diesen Arbeitsschritt zuhause vorbereiten oder die Gnocchi direkt über dem Lagerfeuer kochen.
5. Eine große gusseiserne Pfanne aufs Feuer stellen und die Butter darin schmelzen. Die Salbeiblätter zwei bis vier Minuten bei mittlerer Hitze anrösten, bis die Butter das Salbeiaroma aufgenommen hat. Die Gnocchi dazugeben und in der Salbeibutter schwenken. Nach Geschmack die Gnocchi auch ein wenig krustig anbräunen.
6. Zum Schluss den Parmesan darüber hobeln und am besten direkt aus der Pfanne servieren.

TIPP

Aus dem Gnocchiteig lassen sich auch Schupfnudeln formen! Passende Rezepte sind auf Seite 95 und Seite 131.

Meine ersten Gnocchi-Experimente sind leider gründlich schief gelaufen: Sie wurden matschig oder haben sich im kochenden Wasser einfach aufgelöst. Aufgeben kam für mich nicht infrage und so habe ich viel ausprobiert, mir unzählige YouTube-Videos angeschaut und andere Rezepte durchgesehen.
Jetzt habe ich endlich eine Variante, die funktioniert – aber es liegt nicht nur am passenden Rezept, sondern wirklich auch an der Übung. Denn nach den unzähligen Versuchen weiß ich nun, wie sich der Teig anfühlen muss. Also nicht die Flinte ins Korn werfen, falls es nicht gleich auf Anhieb funktioniert. Selbst gemachte Gnocchi sollte man sich einfach nicht entgehen lassen. Sie sind unfassbar lecker, auch wenn sie etwas länger dauern, als nur eine Tüte oder Packung aufzureißen ...

SPINATSPÄTZLE
in Gorgonzolasauce

4 Portionen · 40–50 Min.

VEGGIE

200 g Spinat (frisch oder TK)
2 Knoblauchzehen, geschält
Olivenöl
10 Salbeiblätter
100 ml Weißwein
Salz & schwarzer Pfeffer, frisch gemahlen
5 Eier
2 Prisen Muskatnuss, frisch gerieben
500 g Weizen- (Type 405) oder Dinkelmehl (Type 630)
½ TL Salz
200 ml Sahne
200 g Gorgonzola
50 g Parmesan

1. Wird kein frischer Spinat verwendet, TK-Ware auftauen lassen. Frischen Spinat gründlich waschen, harte Stängel entfernen.
2. Knoblauch fein hacken, mit einem guten Schuss Olivenöl und den Salbeiblätter in einer großen Pfanne anschwitzen. Mit Weißwein ablöschen und etwas einkochen lassen, dann den Spinat dazugeben. Mit Salz und Pfeffer abschmecken.
3. Sobald der Spinat zusammenfällt, aus der Pfanne auf ein Brett geben und mit einem Messer grob hacken. Beiseite stellen und abkühlen lassen.
4. Eier in einer Schüssel mit etwas Salz und Muskatnuss verquirlen. Dann das Mehl langsam einrieseln lassen und am besten mit einem Holzkochlöffel gut verrühren, damit keine Klümpchen entstehen. Wenn das Mehl fast vollständig verarbeitet ist, den Teig mit dem Löffel „schlagen", bis er Blasen wirft. Perfekt ist der Teig, wenn er zum Schluss glatt und zäh ist und sich nur ganz langsam vom Löffel löst. Falls er zu fest ist, einfach etwas Wasser einrühren. Zum Schluss den abgekühlten Spinat untermischen.
5. Einen großen Topf mit Wasser und etwas Salz aufsetzen und zum Kochen bringen.
6. Den Teig portionsweise in einen Spätzlehobel oder eine Spätzlepresse geben und in das kochende Wasser gleiten lassen. Sobald die Spätzle nach etwa ein bis zwei Minuten an der Wasseroberfläche schwimmen, abschöpfen und mit einem kleinen Stück Butter in eine gusseiserne Pfanne geben. Mit etwas Spätzlewasser darin schwenken und in einen Behälter für den Transport umfüllen.
7. Den gesamten Teig verarbeiten und darauf achten, dass das Wasser weiter dabei kocht.
8. Am Grillplatz eine große, gusseiserne Pfanne auf das Feuer setzen. Sahne und Gorgonzola hineingeben. Bei mittlerer Hitze und stetigem Rühren den Käse schmelzen lassen. Die Sauce mit Salz und Pfeffer abschmecken. Die Spätzle dazugeben, unterrühren und kurz erhitzen.
9. Zum Servieren etwas Parmesan darüber reiben. Röstzwiebeln und Schnittlauchröllchen passen auch gut dazu.

TIPPS

Wenn man Gorgonzola nicht mag, schmecken diese Spätzle auch einfach nur mit Butter und Salbei wie die Gnocchi auf Seite 89 oder als Kässpätzle von Seite 92.
Während der Saison statt Spinat fein gehackten Bärlauch (Menge nach Belieben) verwenden.

Am besten die Spätzle zuhause vorbereiten und dann zur Feuerstelle mitnehmen. Die Kombination von Spinat und Gorgonzola finde ich wunderbar. Meine Mutter hat früher Spinat-Gnocchi gemacht, die mal geklappt haben und mal nicht – manchmal entwickelte sich das zu einem richtigen Frust-Essen … dann gab es „Baz mit Gorgonzola". Mit Spinatspätzle klappt das problemlos – und sie schmecken womöglich sogar ein wenig besser.

KÄSSPÄTZLE

4 Portionen

50 Min.

VEGGIE

5 Eier
½ TL Salz
1 Prise Muskatnuss, frisch gerieben
500 g Weizen- (Type 405) oder Dinkelmehl (Type 630)
1–2 EL Butter
250 g Bergkäse
150 g Emmentaler (oder Romadur, dann wird es würziger)
1 Zwiebel
½ Bund Schnittlauch
Salz & schwarzer Pfeffer, frisch gemahlen

Das wäre meine Henkersmahlzeit. Kässpätzle gehören zu meinen Lieblingsgerichten und seit wir Hühner haben, gibt es das Gericht fast jede Woche – großartig! Den Teig mache ich immer ein wenig nach Gefühl, gerade weil Eier unterschiedlich groß sein können. Das Rezept ist also nicht aufs Gramm genau zu beachten, evtl. benötigt man etwas mehr oder weniger Mehl dafür.
Wenn ich die Kässpätzle am Lagerfeuer mache, bereite ich die Spätzle in der Küche vor und nehme sie dann inklusive Zwiebeln und Käse mit zur Feuerstelle.

1. Eier in einer Schüssel mit dem Salz und etwas Muskatnuss verquirlen. Das Mehl langsam einrieseln lassen und am besten mit einem Holzkochlöffel gut verrühren, damit keine Klümpchen entstehen. Wenn das Mehl fast vollständig verarbeitet ist, den Teig mit dem Löffel „schlagen", bis er Blasen wirft. Perfekt ist der Teig, wenn er zum Schluss glatt und zäh ist und nur ganz langsam vom Löffel tropft. Falls er zu fest ist, einfach etwas Wasser einrühren.
2. Einen großen Topf mit Wasser und etwas Salz aufsetzen und zum Kochen bringen.
3. Den Teig portionsweise in einen Spätzlehobel oder eine Spätzlepresse geben und in das kochende Wasser gleiten lassen. Sobald die Spätzle an der Wasseroberfläche schwimmen, das ist nach ein bis zwei Minuten der Fall, abschöpfen und mit einem kleinen Stück Butter in eine gusseiserne Pfanne geben. Mit etwas Spätzlewasser darin schwenken und in einen verschließbaren Behälter für den Transport umfüllen.
4. Den gesamten Teig verarbeiten und darauf achten, dass das Wasser dabei weiterkocht.
5. Den Käse reiben, beim Romadur die Rotschmiere etwas abkratzen und den Käse klein würfeln. Die Zwiebel schälen und in Ringe schneiden, den Schnittlauch in Röllchen. Alles verpacken und mit zur Feuerstelle nehmen.
6. In einer kleinen gusseisernen Pfanne 1 EL Butter mit den Zwiebeln goldbraun anrösten. Etwas salzen und pfeffern.
7. Die Spätzle mit wenig Butter in einer große, gusseisernen Pfanne erwärmen. Den Käse dazugeben, bei mittlerer Hitze unterrühren und schmelzen lassen. Wer möchte, kann die Spätzle an der Unterseite schön knusprig werden lassen. Mit Salz und Pfeffer abschmecken.
8. Zum Anrichten die Röstzwiebeln und den Schnittlauch darüber geben.

TIPPS

Alles, was mit dem Teig in Berührung gekommen ist, gleich abwaschen, denn ist der Teig einmal eingetrocknet, ist es fürchterlich, die Dinge wieder sauber zu bekommen.
Meine Oma hat die Zwiebel in Würfel geschnitten und in viel Butter und etwas Salz knusprig goldbraun gebraten. Dann kamen die Spätzle und der Käse dazu – das ist die schnelle Variante mit nur einer Pfanne.
Falls ihr eine Mühle in der Nähe habt, probiert mal den Teig mit einem Teil Dunstmehl statt nur Mehl.

Schupfnudeln
auf Weißwein-Sauerkraut

4 Portionen

VEGGIE

50 Min.

500 g Schupfnudeln, s. S. 89
1 Zwiebel
1 Apfel
2 EL Butter
1 TL Honig, flüssig
1 EL körniger Senf
150 ml Weißwein, perlig und trocken, z. B. Pinot Grigio oder, etwas dekadenter, Prosecco oder Champagner
500 g Sauerkraut
3 Wacholderbeeren
1 Msp. Kümmelsaat
1 Lorbeerblatt
200 ml Sahne

Petersilienblätter, nach Geschmack, grob gehackt

Dieses Rezept habe ich für unsere Senfmanufaktur entwickelt. Unser körniger Bauernsenf wird gerne für Grillwürste oder Dressings verwendet. Ich wollte aber zeigen, dass noch mehr in ihm steckt.
Das cremige Sauerkraut ist auf diesem Weg zu einem festen Bestandteil meines Standardrepertoires in der Küche geworden.

1. Den Teig für die Schupfnudeln wie auf Seite 89 beschrieben vorbereiten.
2. Während die Kartoffeln kochen, Zwiebel schälen, Kerngehäuse vom Apfel entfernen. Zwiebel und Apfel fein würfeln.
3. 1 EL Butter in einem gusseisernen Topf oder Bräter schmelzen und die Zwiebelwürfelchen darin glasig anschwitzen. Apfelwürfel, Honig und Senf dazugeben und leicht karamellisieren lassen. Mit Weißwein ablöschen, etwas reduzieren und dann Sauerkraut, Wacholderbeeren, Kümmel, Lorbeerblatt und 150 ml Sahne hinzufügen. Bei niedriger Temperatur fünf bis sieben Minuten köcheln lassen, gelegentlich umrühren.
4. Die Schupfnudeln in einer gusseisernen Pfanne mit der restlichen Butter goldbraun anbraten.
5. Die übrige Sahne mit einem Schneebesen halbsteif anschlagen.
6. Das Kraut auf Teller geben, die Schupfnudeln darauf setzen und mit der schaumigen Sahne beträufeln. Wer möchte, kann etwas frische Petersilie darüber streuen. Oder das Gericht wie auf dem Bild direkt aus der Pfanne servieren.

Linguine mit Garnelen

4 Portionen **15–20 Min.**

Das ist eines unserer Lieblings-Pasta-Gerichte in der Familie – auch wenn wir relativ selten Garnelen essen. Denn gerade bei Meeresfrüchten oder Fischen ist es besonders wichtig, darauf zu achten, wo sie herkommen und wie sie gefangen wurden. Im Bio-Laden gibt es Garnelen aus Aquakultur, für die keine Schleppnetze die Meere leer fischen. So ein Gericht sollte immer etwas Besonderes sein! Umso mehr freut man sich darauf und lernt, solche Zutaten wertzuschätzen.

400 g Linguine
2 Knoblauchzehen
Chilischote, Menge nach Geschmack
Olivenöl
12 Garnelen, küchenfertig und ohne Kopf
125 ml trockener Weißwein
½ Bund glattblättrige Petersilie
Salz & schwarzer Pfeffer, frisch gemahlen
50 g Parmesan

1. Die Nudeln nach Packungsbeschreibung im kochenden Wasser mit etwas Salz garen, bis sie *al dente* sind.
2. Knoblauch schälen, in feine Scheiben schneiden oder fein würfeln. Die Chilischote waschen, entkernen und in feine Streifen schneiden. Kurz testen, wie scharf die Schote ist. Dann je nach Geschmack und Schärfeempfinden verwenden.
3. In einer großen, gusseisernen Pfanne einen guten Schuss Olivenöl erhitzen (auf mittlerer Hitze, damit der Knoblauch nicht dunkel wird). Knoblauch und Chilischote dazugeben und leicht anschwitzen, damit das Olivenöl deren Aroma schön aufnehmen kann.
4. Die Garnelen dazugeben und von jeder Seite etwa drei Minuten braten. Mit Weißwein ablöschen und die Flüssigkeit etwas reduzieren.
5. Nudeln in die Pfanne geben und mit einem Schöpflöffel Nudelwasser gründlich vermengen. Zum Schluss grob gehackte Petersilienblätter unterheben, etwas Salz, Pfeffer und frisch geriebenen Parmesan darüber geben.

TIPP

Die Nudeln können schon in der Küche vorgekocht werden, dann die entsprechende Menge Nudelwasser in einem Schraubglas mit zum Lagerfeuer nehmen.
Wen das Abpulen der heißen Garnelen nervt, schält sie einfach vor dem Kochen. Ich bilde mir ein, dass sie mit Schale gekocht besser schmecken. Wer frische Garnelen bekommt, kann aus den Köpfen und Schalen mit passenden Gewürzen übrigens noch einen Fond kochen.

Spaghetti mit Pilzen

VEGGIE

4 Portionen · 25 Min.

Schnell und lecker! Nicht nur am Lagerfeuer, vielleicht mit frischen Pilzen aus dem Wald, sondern auch nach einem langen Arbeitstag, wenn man schnell etwas Gutes zu essen braucht. Falls keine Pilze im Haus sind, mache ich diese Nudeln einfach *bianco* als *Spaghetti agli olio*.

400 g Spaghetti
2 Knoblauchzehen
Chilischote, Menge nach Geschmack
Olivenöl
400 g Pilze nach Saison (Pfifferlinge, Steinpilze, Champignons, Austernpilze etc.)
125 ml trockener Weißwein
8 Stängel glattblättrige Petersilie
Salz & schwarzer Pfeffer, frisch gemahlen
40 g Parmesan

1. Die Nudeln nach Packungsbeschreibung im kochenden Wasser mit etwas Salz garen, bis sie *al dente* sind.
2. Knoblauch schälen, in feine Scheiben schneiden oder fein würfeln. Die Chilischote waschen, entkernen und in feine Ringe schneiden. Kurz testen, wie scharf die Schote ist. Dann je nach Geschmack und Schärfeempfinden verwenden.
3. Pilze putzen, eventuell die Füße entfernen und die Hüte je nach Größe in feine Streifen schneiden, halbieren oder vierteln.
4. In einer großen, gusseisernen Pfanne einen guten Schuss Olivenöl erhitzen (auf mittlerer Hitze, damit der Knoblauch nicht dunkel wird). Knoblauch und Chilischote dazugeben und leicht anschwitzen, damit das Olivenöl deren Aroma schön aufnehmen kann.
5. Die Pilze dazugeben und etwa fünf Minuten braten. Mit Weißwein ablöschen und die Flüssigkeit leicht reduzieren.
6. Die Nudeln in die Pfanne geben, einen Schöpflöffel Nudelwasser darüber gießen und alles gut vermengen.
7. Zum Schluss grob gehackte Petersilienblätter unterheben, mit Salz und Pfeffer abschmecken. Etwas Parmesan frisch darüber reiben und genießen!

Die Nudeln können schon in der Küche vorgekocht werden, dann die entsprechende Menge Nudelwasser in einem Schraubglas mit zum Lagerfeuer nehmen.
Wer im Wald Pilze sammelt, der sollte sich absolut sicher sein, was er da tut. Wichtig ist auch hier: Nie in Naturschutzgebieten und nie alles leer sammeln, sondern immer Pilze stehen lassen. Es gibt jedes Jahr zur Saison Pilzseminare, bei denen man in Begleitung von Experten in die Pilze geht. Danach hilft auch ein passendes Buch, z. B. „Essbare Pilze und ihre giftigen Doppelgänger", erschienen im Kosmos Verlag.

TIPPS

Man kann aus diesem Essen ein schönes kleines Event machen: Am Vormittag geht man gemeinsam mit Freunden im Wald Pilze (auf bayerisch „Schwammerl") sammeln. Die Semmelknödel kann man schon am Vortag vorbereiten. Nach dem Waldspaziergang kümmert sich einer ums Feuer, ein paar kümmern sich um die Vorbereitung der Zutaten und dann wird gemeinsam gekocht und gegessen – ich liebe solche Tage!

SEMMELKNÖDEL mit Rahmschwammerl

4 Portionen · 60 Min.

VEGGIE

Semmelknödel
150 ml Milch
300 g Knödelbrot (oder Brez'n vom Vortag), grob gewürfelt
1 Zwiebel
6 Bärlauchblätter oder 6 Stängel Petersilie, Blätter
50 g Butter
4 Eier
Salz & Pfeffer nach Wahl, frisch gemahlen
Muskatnuss, frisch gerieben, nach Geschmack

800 g gemischte Pilze (z. B. Steinpilze, Pfifferlinge, Champignons, Kräuterseitlinge)
1 Zwiebel
1 Knoblauchzehe

Sauce
50 g Butter
50 g Mehl
800 ml Milch, zimmerwarm
½ Zwiebel, geschält
1 Lorbeerblatt
2 Gewürznelken
1 Msp. geriebene Schale einer Bio-Zitrone
300 g Sahne, zimmerwarm

40 g Butter
250 ml Gemüsebrühe, s. S. 75
1 EL mittelscharfer Senf
4 Stängel Petersilie, Blätter grob gehackt

1. Für die Knödel die Milch langsam erhitzen (nicht kochen). Knödelbrot in eine Schüssel geben und mit der lauwarmen Milch übergießen und fünf Minuten ziehen lassen. Zwiebel schälen, in feine Würfel schneiden. Bärlauch oder Petersilie waschen, grob hacken.
2. Butter in einer großen Pfanne erhitzen. Zwiebeln darin anschwitzen, vom Herd nehmen und den Bärlauch darunter mengen. Abkühlen lassen.
3. Eier mit der abgekühlten Zwiebelmischung in die Brotschüssel geben und alles mit den Händen verkneten. Mit Salz, Pfeffer und eventuell Muskatnuss würzen. Knödel formen (Durchmesser ca. 8 cm) und 10–15 Minuten ruhen lassen.
4. Wasser aufsetzen und etwas Salz hinzugeben. Die Knödel vorsichtig ins siedende Wasser geben (es darf nicht kochen), ca. 20–30 Minuten darin garen.
5. Für die Sauce in einem Topf die Butter schmelzen und das Mehl darin glatt rühren. Die Milch nach und nach zugießen und mit einem Schneebesen gut verrühren. Kurz aufkochen lassen und fünf Minuten bei geringer Hitze köcheln lassen, hin und wieder rühren.
6. Die halbe Zwiebel, Lorbeerblatt, Nelken und Zitronenschale mit in den Topf geben und 10 Minuten weiter köcheln. Immer wieder umrühren, damit nichts am Topfboden anbrennt. Anschließend die Sahne zur Sauce geben, für weitere 10 Minuten sanft köcheln und immer wieder umrühren. Sauce und Knödel gut verpacken und mitnehmen.
7. An der Feuerstelle dann die Pilze putzen und in dünne Scheiben schneiden. Zwiebel und Knoblauch schälen und in feine Würfel schneiden.
8. Butter in einer großen Pfanne schmelzen und die Pilze darin bei starker Hitze zwei bis drei Minuten anbraten. Die Zwiebel und Knoblauchwürfel dazugeben, kurz glasig anschwitzen, etwas salzen und die Pfanne zur Seite stellen. Mit Gemüsebrühe ablöschen. Sauce ohne Zwiebelhälfte und Gewürze zu den Pilzen in die Pfanne geben und mit Senf, Salz, Pfeffer und Muskat abschmecken. Zwei Drittel der Petersilie einrühren.
9. Fertige Semmelknödel dazugeben und in der Sauce kurz aufwärmen. In Schüsseln oder tiefen Tellern mit einem großzügigen Schöpfer Sauce servieren und mit der restlicher Petersilie garnieren.

Nur Pilze sammeln, wenn man sich wirklich auskennt (s. a. Tipp Seite 98). TIPP

PIZZA LISAÑA

VEGGIE

2–4 Pizze · 90 Min.

Teig, s. S. 43
500 g Tomaten
1 Handvoll Basilikumblätter
1–2 Knoblauchzehen
100 ml Olivenöl
150 g Rucola, gewaschen und küchenfertig
40 g Parmesan, frisch gerieben

Salz & schwarzer Pfeffer, frisch gemahlen

Wenn wir selber Pizza machen, ist diese Variante immer dabei. Der knusprige Teig und dann die saftig-fruchtigen Tomaten dazu, das ist einfach eine bombige Kombination und zu Recht die beste Pizza der Welt ... also meiner Welt!

1. Den Pizzateig nach Rezept auf Seite 43 herstellen und wie beschrieben ruhen lassen.
2. Ein Brett, ein Nudelholz (Teigrolle), den Teig und etwas Mehl mit zur Feuerstelle nehmen.
3. Die Tomaten waschen und in kleine Würfel schneiden, den Strunk jeweils entfernen. Basilikumblätter grob hacken und beides in eine Schüssel geben. Den Knoblauch schälen, durch die Presse drücken oder fein hacken und zu den Tomaten geben. Olivenöl zugießen, mit Salz und Pfeffer abschmecken.
4. Aus dem Teig Fladenbrote formen. Auch hier gilt wieder: so wenig wie möglich kneten.
5. Es gibt zum Grillen zwei Möglichkeiten: Entweder legt man das Fladenbrot direkt auf den Grillrost oder – so schmeckt es mir am besten – auf eine gusseiserne Platte (oder einen Pizzastein). Die Platte dafür nur leicht einölen und die Pizzafladen darauf legen. Mit einem Kochpinsel jeden Fladen mit ca. 1–2 EL Olivenöl bestreichen und etwas salzen.
6. Das Pizzabrot fängt nach einer Weile an, Bläschen zu werfen, und wird unten schön knusprig. Wer es von beiden Seiten knusprig haben möchte, dreht den Fladen einfach um.
7. Die fertigen Pizzabrote auf ein Brett geben, Tomaten und etwas Rucola darauf verteilen, Parmesan darüber geben und servieren.

Risotto mit Waldpilzen

VEGGIE

4–6 Portionen 90 Min.

1 l Gemüsebrühe, s. S. 75
1 kleine Zwiebel
1 Knoblauchzehe
50 g Parmesan
8 Stängel Petersilie
1 Chilischote
300 g gemischte Waldpilze (z. B. Steinpilze, Pfifferlinge)
Olivenöl
300 g Risotto-Reis, z. B. Arborio
125 ml trockener Weißwein
1 EL Mehl
50 g Butter
1 EL mittelscharfer Senf
Salz & schwarzer Pfeffer, frisch gemahlen

1. Gemüsebrühe in einem kleinen Topf aufkochen lassen und am Siedepunkt halten.
2. Zwiebel und Knoblauch schälen und fein hacken. Parmesan reiben und die Petersilie waschen, kurz abtropfen lassen und grob hacken. Chilischote waschen, entkernen und fein würfeln. Anhand eines kleinen Stücks testen, wie scharf die Chili ist, und die Menge nach Geschmack bemessen.
3. Die Pilze putzen und je nach Größe halbieren oder vierteln, beiseite stellen.
4. Olivenöl in einem mittleren Topf erhitzen, Zwiebel darin glasig anschwitzen. Risottoreis mit einem Holzlöffel einrühren, bis alle Körner mit Öl überzogen sind. Mit Weißwein ablöschen und reduzieren. Zwei Drittel der Waldpilze zum Reis geben.
5. Sobald die Flüssigkeit aufgesogen ist, nach und nach die Gemüsebrühe zugießen. Das Ganze bei mittlerer Hitze 20–25 Min garen, dabei ständig Rühren. Der Reis ist fertig, wenn er außen weich und innen noch bissfest ist.
6. Parallel in einer Pfanne Butter schmelzen, die restlichen Pilze mit etwas Mehl bestäuben und darin knusprig anbraten.
7. Risotto vom Feuer nehmen. Parmesan, Butter und Senf einrühren, bis das Risotto schön cremig ist. Zwei Drittel der gehackten Petersilie unterziehen. Probieren und eventuell noch mit Salz und Pfeffer abschmecken.
8. Risotto auf tiefe Teller geben, einige angebratene Pilze darauf legen und mit Petersilie bestreut servieren.

TIPP

Wenn es mal keine Waldpilze gibt, nehme ich gerne eine Mischung aus Austernpilzen, Champignons und Kräuterseitlingen wie auf dem Foto rechts. Das Bild entstand übrigens im Winter. Da ich keine eingeflogenen Pilze kaufen wollte, habe ich mich für die Zuchtpilzvariante entschieden. Wusstet ihr, dass man sich auch zuhause Pilze züchten und dann ernten kann? Eine wirklich tolle Sache!

Wenn ich im Herbst nach ein paar regnerischen Tagen das erste Mal wieder draußen bin, gibt es zur Einstimmung auf die Jahreszeit dieses feine Risotto. Man kommt vom Waldspaziergang mit einem vollen Pilzkorb zurück, schürt ein wärmendes Lagerfeuer und kocht ein fantastisches Risotto für Freunde und Familie. Genuss pur!

Chili-Session
für die ganze Familie

Ich bin mit selbstgekochtem Baby-Brei und selbstgestampften Tofu aufgewachsen. Meine Eltern waren die „Voll-Ökos". Lasagne war mit Sojagranulat und das Chili ohne Fleisch, dafür mit Tofu. Das alles war für mich völlig normal. Die Experimentierfreude und der Spaß am Kochen wurden mir dadurch schon sehr früh vermittelt.
Wenn man Tofu fein verkrümelt und scharf anbrät, bekommt man eine schöne Knusprigkeit, die sich im Chili sehr gut macht. Nicht nur für Vegetarier und mal eine Abwechslung zum gewohnten Chili con Carne.

CHILI CON & SIN CARNE

50 g Knollensellerie
2 Zwiebeln
1 kleine Möhre
1 Chilischote
2 Knoblauchzehen
Olivenöl
1 rote Gemüsepaprika oder ½ Glas Grillinger Salsa Soß'
450 g Rinderhackfleisch
1–2 TL Oregano, getrocknet
½ TL Kreuzkümmel
1 TL Paprikapulver
Salz & schwarzer Pfeffer, frisch gemahlen
250 ml Gemüsebrühe, s. S. 75
600 g Tomatenpassata
2 Dosen Kidneybohnen (à 400 g)
1 Dose Mais (500 g)

Passende Beilagen:
Feuerkartoffeln, s. S. 51
Fladenbrot, s. S. 43
Schmand oder Joghurt
Tortilla-Chips

90 Min.

4–6 Portionen

Wenn man draußen grillt, gerade bei kalten Temperaturen, ist es von Vorteil, wenn die „Schnippelarbeiten" schon zuhause erledigt werden und man alles fertig vorbereitet zur Kochstelle mitbringt.

1. Sellerie und Zwiebeln schälen und fein würfeln. Möhre eventuell schälen, würfeln. Chilischote waschen und entkernen, Knoblauch schälen, beides klein würfeln. Falls ihr eine Paprika statt der Sauce verwendet, diese waschen, putzen und klein würfeln.
2. Olivenöl in den Feuerkessel geben, erhitzen und dann das Gemüse bis auf den Knoblauch und die Chili dazugeben. Das Gemüse ca. fünf Minuten anschwitzen, dann das Hackfleisch, den Knoblauch, die Chili, Oregano, Kreuzkümmel, Paprikapulver und etwas Salz und Pfeffer dazugeben und zehn Minuten unter Rühren anbraten.
3. Jetzt wäre ein guter Zeitpunkt, die Feuerkartoffeln von Seite 51 parallel zuzubereiten.
4. Das Gemüse und Hackfleisch mit der Brühe und den passierten Tomaten aufgießen. Die „Grillinger"-Sauce dazugeben und etwa 30 Minuten vor sich hin köcheln lassen. Je länger, desto besser wird das Chili.
5. Zum Schluss kommen die Bohnen und der Mais in den Kessel. Nochmals abschmecken.
6. Serviert wird mit Feuerkartoffeln, Tortilla-Chips und einem Klecks Schmand.

TIPP

Für die vegetarisch-vegane Variante verwende ich statt Hackfleisch 450 g festen Tofu, den ich mit den Händen zerbrösle, bis die Masse eine krümelige Konsistenz hat. Das Öl in den Topf geben und den Tofu mit etwas Salz richtig scharf anbraten, bis er goldbraun und knusprig ist. Dann kommen das Gemüse und die Gewürze dazu und es geht weiter wie im Rezept mit dem Hackfleisch.

VEGAN

Gulasch mit Polenta

4–6 Portionen 90 Min.

450 g Zwiebeln
1 kg Rindfleisch für Gulasch, z. B. aus der Wade oder Schulter
Butter oder Öl
2 Knoblauchzehen
2 EL Tomatenmark
200 ml Rotwein
1 EL Mehl
500 ml Brühe
2 Lorbeerblätter
1 Msp. Zimtpulver
2 TL edelsüßes Paprikapulver
1 TL Cayennepulver
Salz & schwarzer Pfeffer, frisch gemahlen

Polenta
450 ml Gemüsebrühe, s. S. 75
150 g Polenta (Maisgrieß)
1 EL Butter
50 g Parmesan
1 Prise Muskatnuss, frisch gerieben

1. Die Zwiebeln schälen und fein hacken. Das Fleisch trocken tupfen und in mundgerechte Würfel schneiden. In einem großen, gusseisernen Topf oder Bräter das Fleisch in etwas Butter oder Öl anbraten, Zwiebeln dazugeben und ca. fünf Minuten anschwitzen.
2. Knoblauch schälen, fein hacken, dazugeben und kurz mitbraten.
3. Das Tomatenmark einrühren, das dabei am Topfboden etwas anbrennt, daher mit einem Holzlöffel immer wieder abschaben und weiterrühren. Durch das Karamellisieren des Tomatenmarks entsteht ein toller Geschmack.
4. Alles mit Rotwein ablöschen und etwas reduzieren.
5. Mit Mehl leicht binden, dann Brühe und Gewürze dazugeben. Das Gulasch bei mittlerer Hitze köcheln lassen, mindestens eine Stunde, je länger desto besser. Mit Salz und Pfeffer abschmecken.
6. Während das Gulasch vor sich hin köchelt, für die Polenta die Brühe aufkochen. Dann Polenta langsam einrieseln lassen und immer wieder rühren. Etwa zehn Minuten auf mittlerer Flamme garen.
7. Wenn die Polenta gar ist, von der Feuerstelle nehmen. Butter und Parmesan einrühren. Mit Muskatnuss, Salz und Pfeffer abschmecken.
8. Polenta auf tiefe Teller verteilen, einen großzügigen Schöpfer Gulasch darauf geben und servieren.

TIPP ***Statt Polenta kann man auch Nudeln, Kartoffelpüree oder einfach ein knuspriges Bauernbrot dazu essen.***

So schmeckte das Gulasch bei meiner Oma aus Husum. Ob das nun typisch friesisch war, kann ich nicht unbedingt beurteilen, aber es weckt Erinnerungen an meine Besuche bei ihr. Dort gab es entweder Spaghetti Bolognese oder Gulasch mit Kartoffelpüree und dazu immer einen Blattsalat mit süßem Dressing. Leider konnte ich sie nicht mehr persönlich nach dem Rezept fragen. Aber das Ergebnis hier kommt dem schon ein gutes Stück nahe.
Das Schöne an diesem Gericht ist, dass man es wunderbar in der Mitte auf einem Lagerfeuer zubereiten kann und alle daran teilhaben können. Ein sehr geselliges Essen, das Bauch und Herz wärmt.

Feuer-Raclette

VEGGIE

4 Portionen

20 Min.

800 g festkochende Kartoffeln
600 g Raclette-Käse
800 g Gemüse (z. B. Brokkoli, Gemüsepaprika, Lauch, Zucchini, Zwiebeln etc.)
Saucen und Dips, z. B. von Seite 35 ff.
Kräuterbutter, s. S. 34
Baguette oder Ciabatta, s. S. 43
Butter oder Öl für die Pfännchen
Kräuter und Gewürze nach Lust und Laune
Salz & schwarzer Pfeffer, frisch gemahlen

1. Die Pellkartoffeln zuhause garen, die Saucen und die Kräuterbutter vorbereiten. Den Käse und das Brot in Scheiben schneiden. Alle Zutaten auf verschiedenen Platten anrichten und mit zur Feuerstelle nehmen.
2. Dort kann sich jeder mit einer kleinen gusseisernen Pfanne und einem Kochlöffel bewaffnen und loslegen, die Köstlichkeiten für sich anzubraten. Auch die Kartoffeln lassen sich natürlich noch in den Pfännchen knusprig anbraten.
3. Zum Abschluss das Gemüse in den Pfännchen immer mit Raclette überbacken. Oder zwischendurch einfach nur den Käse in die Pfanne geben.
4. Nebenbei Baguettescheiben bräunen, mit Kräuterbutter bestreiche und dazu genießen.

TIPP

Je nach Geschmack können die verschiedensten Gemüse aber auch Pilze, dünn aufgeschnittenes Fleisch oder Speck mit aufs Buffet. Alle Lieblingszutaten sind erlaubt!

Raclette ist ein typisches Weihnachtsgericht, schon als Kind habe ich die kleinen Pfännchen und unzähligen Zutaten geliebt. Und das Gerät erinnert fast schon an eine Feuerstelle in der Tischmitte. Jeder ist am Kochprozess beteiligt, man sitzt gemütlich beisammen und genießt – ganz nach meinem Geschmack.
Die spontane Idee, das Ganze am Lagerfeuer auszuprobieren, ist auf Anhieb geglückt. Wir bauten ein schönes Buffet mit frischem Gemüse, Saucen und Käse auf, jeder hatte sein eigenes kleines Pfännchen und schon konnte es losgehen. Meine ersten Versuchskaninchen kamen alle aus der Familie – und sie waren begeistert. Jedes fertige Pfännchen wurde gefeiert, eines der schönsten machte mein Papa, der natürlich auf ein Foto bestand. Ihr solltet diese Art, Raclette zu essen, unbedingt mal mit Freunden oder der Familie ausprobieren. An unserer Feuerstelle war an diesem Tag auf jeden Fall mächtig was los!

Kleine gusseiserne Pfannen hat fast jeder zuhause. Bitte einfach Deine Freunde, dass sie ihr eigenes Pfännchen mitbringen.

KÄSEFONDUE

„Walliser Art"

VEGGIE

4 Portionen 30 Min.

250 g kräftiger Bergkäse oder Greyerzer
150 g Emmentaler
1 Baguette, Ciabatta oder Bauernbrot
1–2 Knoblauchzehen
1 EL Butter
1 EL Mehl
250 ml Milch
1 Prise Muskatnuss, frisch gerieben
Salz & schwarzer Pfeffer, frisch gemahlen

1. Den Käse grob reiben und das Brot in große Würfel schneiden.
2. Einen gusseisernen Topf mit einer geschälten und halbierten Knoblauchzehe ausreiben.
3. Die Butter im Topf schmelzen lassen. Mehl dazugeben und zu einer glatten Mehlschwitze rühren. Die Milch zugießen und mit einem Schneebesen gut verrühren, damit sich keine Klümpchen bilden.
4. Den Käse in die Béchamelsauce geben und unter ständigem Rühren schmelzen lassen. Mit Salz, Pfeffer und Muskatnuss abschmecken.
5. Mit selbst geschnitzten Spießen aus Holz jeweils einen Brotwürfel aufspießen und in den herrlichen Käse tauchen.

TIPP

Dazu passen auch gekochte Kartoffeln oder geröstete Ciabatta-Scheiben mit der Kräuterbutter von Seite 34. Darauf den geschmolzenen Käse und ihr seid im siebten Fonduehimmel!

Gut, ich gebe zu: Ich stehe auf alles, was mit Käse zu tun hat. Wenn es sich dann auch noch um geschmolzenen Käse handelt, bin ich dem Gericht komplett verfallen! Was das beim Käsefondue bedeutet, kann man sich ausmalen.

Anstelle von einfachen Fonduegabeln schnitzen wir uns hierfür immer ein paar „Käsestöckli", mit denen wir das Brot aufspießen, um es dann genüsslich in den wunderbaren Käse zu tunken. Dazu gibt es ein kühles Glas frischen Weißweins oder in der kalten Jahreszeit einen weißen Glühwein (Seite 140).

SCHOKOBANA

POPCORN

Pizza Dol

Arme Ri

GEBRANNTE MANDEL

Süße Schupfnude

SCHICHTDESSERT IM GLA

Kräuterpfannkuchen

POP
SCHOKOLIEBE
YEAH
POPCORN

Gebrannte Mandeln

VEGAN

4 – 6 Portionen   15 Min.

200 g Mandeln
150 g Zucker
1 Prise Salz
1 TL Zimtpulver oder Lebkuchengewürz
ca. 100 ml Wasser

1. Zucker, Salz und Wasser in eine hohe gusseiserne Pfanne geben, der Zucker sollte komplett mit Wasser bedeckt sein. Erwärmen, bis der Zucker geschmolzen ist, dabei immer wieder rühren.
2. Die Mandeln und Zimt mit einem Holzlöffel unter ständigem Rühren dazugeben und ein paar Minuten so weiter verfahren, bis das Wasser verdampft.
3. Sobald der Zucker anfängt, sich um die Mandeln zu legen, aufpassen und die Pfanne kurz von der Feuerstelle nehmen und weiterrühren. Wenn die Masse wieder beginnt fest zu werden und alle Mandeln mit einer Zuckerschicht ummantelt sind, die Pfanne erneut kurz auf die Hitze geben. Dabei schmilzt der Zucker nochmals schön an, karamellisiert und die Mandeln fangen an zu glänzen.
4. Die Masse zum Abkühlen auf ein Backpapier geben oder wie ich direkt aus der Pfanne naschen. Aber Vorsicht: heiß!

TIPP

Um die zuckerverklebte Pfanne sauber zu bekommen, einfach mit Wasser füllen und nochmals warmstellen. Der Zucker schmilzt wieder und man kann den leichten Sirup einfach wegschütten und die Pfanne so säubern.

Nie hätte ich gedacht, dass gebrannte Mandeln so einfach herzustellen sind und tatsächlich genauso wie auf dem Frühlingsfest oder Weihnachtsmarkt schmecken. Ich habe mich gefreut wie ein Schneekönig, als ich sie das erste Mal am Feuer ausprobiert habe. Es duftet so herrlich und im Winter passen diese Knuspermandeln klasse zu einem wärmenden Glühwein (s. S. 140).
Solch' schöne Dinge sollte man viel öfter tun – und wir sollten uns alle viel öfter wie kleine Kinder freuen!

POPCORN
MIT SAHNEKARAMELL

4–6 Portionen

25 Min.

VEGGIE

40 g Popcornmais
2 EL Butter
75 g Zucker
50 ml Sahne
½ TL Salz

Eine Nachspeise mit Knalleffekt für die ganze Familie. Online hatte ich eine Anleitung für die „Popcornmaschine" aus zwei großen Küchensieben gefunden und direkt ausprobiert (unter https://www.windelmanufaktur.com/de/blog/tutorial-lagerfeuer-popcornmaschine). Wie bei den gebrannten Mandeln wird man hier wieder zum Kind am Feuer! Die Idee mit den Sieben ist einfach großartig – sie funktioniert auf Anhieb und man hat einen Riesenspaß dabei.

1. Einen Topf mit Deckel auf den Grillrost stellen und 1 EL Butter hineingeben. Wenn die Butter geschmolzen ist, die Maiskörner dazugeben. Zwischendurch den Topf etwas schwenken, damit das Popcorn nicht anbrennt. Den Deckel nicht öffnen, sonst hüpft es aus dem Topf.
2. In einer großen gusseisernen Pfanne die Hälfte des Zuckers bei hoher Temperatur schmelzen (Achtung: Das wird sehr heiß!). Sobald das Karamell rötlich und dunkler wird, die Pfanne von der Hitze nehmen und den restlichen Zucker, die Sahne und das Salz sowie 1 EL Butter hinzufügen und gut verrühren.
3. Die Pfanne zurück auf das Feuer bei eher mittlerer Hitze geben. Etwa drei bis vier Minuten köcheln lassen, bis die Masse dicklich und cremig ist.
4. Das fertige Popcorn in das Sahnekaramell geben und mit einem Kochlöffel untermengen, bis sich das Karamell ums Popcorn gelegt hat.
5. Zum Trocknen auf einem Backpapier ausbreiten.

Am Feuer kann man Popcorn auch ganz leicht mit zwei Küchensieben herstellen. Die Siebe lassen sich danach allerdings für fast nichts anderes mehr verwenden, da sie dabei ziemlich schwarz werden.
Man gibt den Mais in ein Sieb und setzt das andere obendrauf (wie rechts im Bild zu sehen). Nun hält man die Siebe über das Feuer (Küchenhandschuhe nicht vergessen) und wartet ab, bis die ersten Körner aufpoppen. Dann dreht man die Siebe immer wieder um, damit die Hitze gleichmäßig auf die Körner trifft und alle nacheinander aufpoppen. Mit mehreren Leuten am Feuer kann man sich auch immer abwechseln, damit einem die Arme nicht zu lang werden.

TIPPS

Schokobanane

VEGGIE

4 Portionen 10–15 Min.

4 Bananen
100 g Vollmilch- oder dunkle Schokolade, nach Geschmack

1. Mit einem Messer die ungeschälte Banane längs durch die obere Schale und das Fruchtfleisch bis kurz vor die untere Schale einschneiden. Es soll eine kleine „Tasche" entstehen.
2. Die Schokolade in Stückchen brechen und den Spalt der Banane damit füllen.
3. Bananen auf den Grillrost legen und von den drei geschlossenen Seiten backen. Die Schale verfärbt sich dabei schwarz. Wenn die Banane weich und die Schokolade geschmolzen ist, kann serviert werden.

So verdammt gut! Als ich noch Erzieherin in einem Waldkindergarten war, haben wir das oft gemacht. Wir hatten dort eine Feuerstelle, es wurde häufig gegrillt und im Winter war das Feuer super, um sich immer wieder aufzuwärmen. Ich weiß gar nicht, wer sich mehr über diese köstlichen Bananen gefreut hat. Die Kinder oder ich?!

Arme Ritter

VEGGIE

4 Portionen 20 Min.

100 ml Milch
1 Ei
1 Prise Salz
4 Scheiben altbackenes Brot oder Toastbrotscheiben
Butter
50 g Zucker mit Zimt vermischt (Verhältnis ca. 3:1)

1. Mit einer Gabel Milch, Ei und Salz in einer eckigen Form verquirlen.
2. Brotscheiben halbieren und in der Eiermilch etwa zehn Minuten ziehen lassen.
3. Etwas Butter in einer gusseisernen Pfanne bei mittlerer Hitze schmelzen lassen. Die Brotscheiben darin goldbraun braten.
4. Zimtzucker auf einen Teller geben und die Scheiben aus der Pfanne darin von beiden Seiten kurz wälzen.

TIPP

Dazu passt Zwetschgenkompott oder Apfelmus.
Wer es lieber herzhaft mag, lässt den Zimtzucker weg und gibt nach dem ersten Wenden in der Pfanne einen würzigen Käse darüber. Dann kurz einen Deckel auf die Pfanne legen, bis der Käse schön geschmolzen und die Brotscheibe von der anderen Seite gebräunt ist.

SCHICHTDESSERT IM GLAS

VEGGIE

6–8 Gläser **25–30 Min.**

Lemon Curd
60 ml Zitronensaft und abgeriebene Schale von 2–3 Bio-Zitronen
90 g Zucker
1 Prise Salz
2 Eier
50 g Butter, geschmolzen

Vanillequark
500 g Quark
3 EL Sahne
1 Msp. Vanillemark
1 Spritzer Zitronensaft
1 EL Zucker

Garnitur
400 g Beeren der Saison (Johannisbeeren, Erdbeeren, Himbeeren, Heidelbeeren etc.)
ca. 20 g Baiser, nach Geschmack

1. Schalenabrieb mit Zitronensaft, Zucker, Salz und Eiern in einen Topf geben.
2. Unter Rühren auf mittlere Hitze erwärmen, bis sich kleine Bläschen bilden. Bloß nicht kochen, sonst gibt's Rührei! Den Topf vom Herd nehmen und die geschmolzene Butter einrühren.
3. Den Quark mit der Sahne, Vanille und dem Zitronensaft verrühren. Mit Zucker abschmecken, darauf achten, dass es nicht zu süß wird.
4. Die Sommerbeeren waschen und je nach Größe halbieren oder vierteln oder am Stück lassen.
5. In verschließbaren Gläsern abwechselnd je 1 EL Quark und 1 EL Lemon Curd solange übereinanderschichten, bis oben noch etwas Platz für die Beeren ist. Bei mir sind das pro Glas insgesamt 3 EL Quark und 2–3 EL Lemon Curd.
6. Mit den Sommerbeeren abschließen und nach Geschmack etwas Baiser darüber bröseln. Deckel drauf und mit zum Grillplatz nehmen.

Wenn etwas vom Lemon Curd übrig bleibt, einfach in einem sauberen Schraubglas in den Kühlschrank stellen und die nächsten Tage zum Frühstück als Brotaufstrich essen. Er ist gekühlt etwa eine Woche haltbar.

TIPP

Lemon Curd habe ich zum ersten Mal in England gegessen und fand es so fantastisch, dass ich es zuhause direkt selbst ausprobieren musste. Die ersten Versuche gingen leider schief: die Creme wurde nicht fest, sondern blieb flüssig wie Wasser. Nach einigen Anläufen klappte es schließlich doch und seitdem ich Hühner im Garten habe, gibt es diesen leckeren Aufstrich immer wieder. Er eignet sich toll für Kuchen, Tartes oder eben für solche feinen Schichtdesserts. Dieses Dessert kann man gut vorbereiten, im Schraubglas sicher und einfach zu Freunden oder mit auf den Grillplatz nehmen.

Pizza Dolce

4 Portionen **60 Min.** VEGGIE

In meiner Kindheit waren wir häufig in der Toskana, oftmals an ein und demselben Ort. In dem kleinen Dorf gab und gibt es auch immer noch eine wirklich gute Pizzeria. Auf der Speisekarte stand *Pizza Dolce*, also süße Pizza. Ein gefundenes Fressen für uns Kinder: Die wollten wir unbedingt als Nachspeise haben! Meine Voll-Öko-Eltern mussten schließlich nachgeben und wir saßen wenig später inmitten einer herrlich schokoladigen Schweinerei. Und was das für eine Schweinerei war! In der Mitte des Tisches stand die Pizza, wir Kinder saßen drum herum und haben uns immer wieder ein Stück genommen. Auf dem Weg zum Mund zogen sich dann lauter schöne Schokofäden quer über die Tischdecke. Zuerst versuchte meine Mutter noch, alles sauber zu halten, das war jedoch völlig aussichtslos. Sie kommentierte das nur trocken mit „Wenn sie es auf die Speisekarte schreiben, müssen sie auch damit rechnen, dass das passiert.". Also nicht die Lätzchen bei diesem Dessert vergessen!

Teig, s. S. 43
Nussnougatcreme
1 Banane

1. Den Teig wie im Rezept auf Seite 43 herstellen und wie beschrieben ruhen lassen.
2. Ein Brett, ein Nudelholz (Teigrolle), den Teig und etwas Mehl mit zur Feuerstelle nehmen.
3. Aus dem Teig Fladenbrote formen. Auch hier gilt wieder: so wenig wie möglich kneten.
4. Es gibt zum Grillen zwei Möglichkeiten: Entweder das Fladenbrot direkt auf den Grillrost legen oder – so schmeckt es mir am besten – auf eine gusseiserne Platte (oder einen Pizzastein). Die Platte nur leicht einölen und das Fladenbrot darauflegen.
5. Sobald das Fladenbrot anfängt, Bläschen zu werfen, wird es unten schön knusprig. Dann umdrehen und darauf nach Lust und Laune Nussnougatcreme verteilen und Bananenscheiben darauf setzen. Von der anderen Seite auch noch knusprig werden lassen und direkt heiß verspeisen!

TIPP

Im Bio-Laden gibt es leckere Nussnougatcremes ohne Palmöl! Wer einen guten Mixer hat, kann solche Cremes übrigens auch ganz leicht selbst herstellen.

KAISERSCHMARRN
mit karamellisierten Äpfeln

4 Portionen 20 Min.

VEGGIE

3 Eier
300 ml Milch
300 g Weizen- (Type 405) oder Dinkelmehl (Type 630)
1 Prise Salz
2 Äpfel
1 Spritzer Zitronensaft
1 EL Butter
4–6 EL Zucker mit Zimt vermischt (Verhältnis ca. 3 : 1)
Puderzucker zum Bestäuben
200 g Apfelmus

1. Einen glatten Teig aus Eiern, Milch, Mehl und einer Prise Salz rühren. In ein großes Schraubglas füllen oder in einer Schüssel mit Deckel zum Grillplatz mitnehmen.
2. Die Äpfel waschen und gegebenenfalls schälen, halbieren und das Kerngehäuse entfernen. Die Hälften in Würfelchen schneiden. Einen Spritzer Zitronensaft darüber geben, damit sie nicht braun werden.
3. Am Feuer eine große gusseiserne Pfanne bei mittlerer Hitze aufstellen und die Butter hineingeben. Die Äpfel mit der Hälfte des Zimtzuckers karamellisieren.
4. Den Teig gleichmäßig über den Äpfeln verteilen. Deckel auflegen und bei mittlerer Hitze durchgaren lassen. Aufpassen, dass der Teig nicht am Pfannenboden anbrennt.
5. Mit einem Holzlöffel oder Holzspatel den Kaiserschmarrn in der Pfanne in kleine Stücke zerteilen, den restlichen Zimtzucker dazugeben und nochmals karamellisieren lassen.
6. Zum Schluss noch mit etwas Puderzucker überstäuben und mit leckerem Apfelmus und einer Tasse Kaffee genießen.

TIPP

Um den Schmarrn noch „fluffiger" zu machen, kann man für den Teig das Ei auch trennen. Dann das Eigelb direkt dazugeben, das Eiweiß steif schlagen und unterheben.

Das ist ein ganz einfacher und schneller Kaiserschmarrn ohne Chichi! Diese Nachspeise war bei uns früher fast obligatorisch, wenn es vorher eine Kartoffelsuppe gab. Dann musste noch schnell eine Nachspeise hinterher, die allen schmeckte. Meine Mutter hat die Äpfel mit Zimt und Zucker karamellisiert und einen einfachen Pfannkuchenteig darauf gegeben. Das schmeckt zwar anders, als in einer bayerischen Wirtschaft oder auf der Berghütte, aber nicht weniger fantastisch.

Schupfnudeln wie bei Oma

4 Portionen 90 Min. VEGGIE

500 g mehlig kochende Kartoffeln
1 TL Salz
1 Prise Muskatnuss, frisch gerieben
1 Ei
150 g Weizen- (Type 405) oder Dinkelmehl (Type 630) und etwas Mehl für die Arbeitsfläche
1–2 EL Butter
4 EL Zimtzucker (Zucker-Zimt-Verhältnis ca. 3:1)
ca. 200 g Apfelmus

Meine Oma hat einfach die allerbesten Schupfnudeln gemacht! Als Kind kannte ich die herzhafte Variante mit Sauerkraut gar nicht. Denn bei meiner Oma gab es zur Freude meiner Schwester und mir die Schupfnudeln nur als Süßspeise. Oma hat sie immer schön „resch" angebraten, in viel Zimtzucker gewälzt und dazu ihr selbstgemachtes Apfelmus, aus den Äpfeln, die wir ihr vorbeigebracht hatten, serviert. Eine schöne, süße Kindheitserinnerung.

1. Kartoffeln mit Schale in kochendem Wasser garen. Schälen und noch warm durch eine Kartoffelpresse drücken.
2. Zu den lauwarmen Kartoffeln das Salz, geriebene Muskatnuss, Ei und Grieß geben. Das Mehl Stück für Stück einarbeiten, bis die Kartoffelmasse nicht mehr klebrig und ein schöner Teig entstanden ist. Die Mehlmenge je nach Kartoffelsorte dosieren.
3. Etwas Mehl auf die Arbeitsfläche geben und portionsweise den Teig zu einer etwa zweifingerdicken Rolle formen, mit dem Messer kleine Gnocchi abschneiden. Dann mit den Händen die Schupfnudeln rollen.
4. Wasser in einem großen Topf mit etwas Salz aufkochen. Die Hitze reduzieren, bis das Wasser nur noch siedet und nicht mehr kocht.
5. Die Schupfnudeln für etwa ein bis zwei Minuten ins siedende Salzwasser geben. Sie sind fertig, sobald sie an der Wasseroberfläche schwimmen. Mit einer Schaumkelle abschöpfen, in einen großen Behälter mit etwas Butter geben und zum Grillplatz transportieren. Natürlich kann man die Schupfnudeln auch direkt am Lagerfeuer zubereiten.
6. Eine große Pfanne aufs Feuer stellen und die Butter darin schmelzen. Die Schupfnudeln in der Butter goldbraun anrösten und kurz in einem Teller mit Zimtzucker wälzen.
7. Apfelmus, am besten selbstgemachtes, auf tiefe Teller geben, Schupfnudeln dazu und genießen.

TIPPS

Meine Oma hat den Teig immer mit Pellkartoffeln vom Vortag gemacht, dann schmecken die Schupfnudeln noch kartoffeliger. Wenn es tags zuvor zum Beispiel Spargel mit Butterkartoffeln gab, standen am nächsten Tag Schupfnudeln auf dem Plan.

Wer Schupfnudeln lieber herzhaft mag, kommt auf Seite 95 auf seine Kosten.

HEISSGETRÄNKE
Kardamom
Schoko
Zitron
&
Oran
Heiße Schokolade
Chai Latte
Früchtepunsch
Glühwein weiß & rot
Ingwerpunsch
Feuerzangenbowle
do all things with love

Ingwer
Sternanis
Zimt
Nelken
I LOVE LAGERFEUER

Ingwerpunsch

2–4 Portionen 15 Min.

1 l naturtrüber Apfelsaft
1 daumengroßes Ingwerstück
2–3 Zimtstangen
2 Sternanise
3 grüne Kardamomkapseln
3 Gewürznelken
1 Bio-Orange
Gin (optional)

1. Ingwer schälen und in dünne Scheiben schneiden. Mit einem Sparschäler Streifen von der Orange schälen und den Saft der Orange auspressen.
2. In einem Topf überm Feuer den Apfel- und Orangensaft mit Ingwer, Gewürzen und Orangenschale kurz aufkochen, dann bei niedriger Temperatur zehn Minuten ziehen lassen.
3. Den Ingwerpunsch in Gläser oder Tassen füllen und wer möchte, kann nun einen Schuss Gin hineingießen.

Wer keine Zimtstangen zu Hause hat, verwendet einfach Zimtpulver; ich nehme etwa einen halben Teelöffel.

TIPP

Zu diesem Rezept hat mich meine Schwester inspiriert – sie und ihre Freundin trinken diesen Ingwer-Apfel-Punsch gerne mit einem Schuss Gin. Eine schicke Alternative zum Glühwein. Und ohne Gin schmeckt er auch Kindern und Autofahrern.

HEIßE SCHOKOLADE

200 g dunkle Schokolade, Kakaoanteil 60–70 %
900 ml Milch
½ TL Lebkuchengewürz oder Zimtpulver
1 Prise Salz
½ TL Orangenzesten
5–15 g Zucker, Menge nach Geschmack
100 ml Sahne

4 Portionen **15 Min.**

1. Schokolade fein hacken.
2. Milch über dem Feuer erwärmen, Schokolade dazugeben und unter Rühren schmelzen lassen.
3. Die Gewürze und Orangenschale ebenfalls dazugeben und ca. zehn Minuten bei geringer Hitze ziehen lassen. Nach Geschmack mit etwas Zucker abschmecken.
4. Sahne mit einem Schneebesen halbsteif schlagen. Die heiße Schokolade in Becher gießen und mit einem Klecks Sahne servieren.

TIPP

Lange musste ich probieren, bis ich für mich die perfekte Schokoladigkeit gefunden hatte. Und die ist bei jedem unterschiedlich, meine Schwester kommt mit weniger Schokolade aus. Hier muss man tatsächlich ein wenig experimentieren, um den optimalen Geschmack für sich herauszufinden. Dazu etwa mit der Hälfte der Milch anfangen und langsam herantasten. Genauso bei der Zuckermenge.

Unter meinen Freunden ist schon lange bekannt, dass ich zu den unmöglichsten Zeiten in Bars, Restaurants oder auf der Berghütte eine heiße Schokolade bestelle. Da ich recht selten Alkohol trinke und daher meine Auswahlmöglichkeiten immer etwas eingeschränkter waren, bin ich bei Kaffee und heißer Schokolade hängengeblieben. Insofern dürfte sich wirklich niemand wundern, dass es in diesem Kochbuch ein Rezept dafür gibt. An alle Schoko-Fans da draußen: Heiße Schokolade am Lagerfeuer rockt!

Chai Latte

4 Portionen · 45 Min.

1 ½ l Wasser
1 Vanillestange
3 grüne Kardamomkapseln
3 Gewürznelken
2 Sternanise
3 Zimtstangen
2 Teebeutel Schwarztee
200 ml Milch oder Pflanzenmilch
Zucker oder Honig zum Süßen

1. Das Wasser in einen Topf gießen, die Gewürze und Tee dazugeben und kurz aufkochen.
2. Bei mittlerer Hitze 20–30 Minuten köcheln lassen.
3. Zum Schluss die Milch hinzufügen und mit Zucker oder Honig nach Geschmack süßen.

Wer möchte, kann noch etwas Milchschaum darüber geben und diesen mit einer Prise Zimtpulver überstäuben. TIPP

Ein tolles Getränk, das ich mir im Herbst und Winter sehr oft zubereite. Während meiner Waldkindergarten-Zeit habe ich mir fast täglich diesen Tee in der Thermoskanne mitgenommen, um mich bei den frostigen Temperaturen wieder aufzuwärmen.

Früchtepunsch

4 Portionen · 45 Min.

2 Bio-Orangen
1 Vanillestange
Apfel- und/oder schwarzer Johannisbeersaft
3 Sternanise
4 Gewürznelken
2–3 Zimtstangen
1–2 Honig, nach Geschmack

1. Von einer Orange mit einem scharfen Messer oder Zestenreißer die äußere Schale abnehmen. Hierbei ist es wichtig, nicht das Weiße der Schale zu erwischen, sonst wird der Punsch bitter. Orangensaft auspressen. Von der Vanilleschote das Mark herauskratzen und die Schote später mitverwenden.
2. Apfel- oder Johannisbeersaft mit dem Orangensaft und den Gewürzen in einen Topf geben und kurz erhitzen. Nicht kochen! Nach Geschmack mit Honig abschmecken.
3. Abkühlen und mindestens 30 Minuten ziehen lassen, damit die Gewürze ihr Aroma entfalten können. Kurz vor dem Servieren wieder erwärmen (nicht kochen) und in Tassen füllen.

Da ich meistens diejenige bin, die nach der Grillparty nach Hause fährt, trinke ich an kalten Abenden gerne diesen Früchtepunsch. Hier experimentiere ich ab und zu mit verschiedenen Säften und Gewürzen. Und auch für nächtliche Schlittenfahrten ist das der ideale Begleiter: Abgefüllt in eine Thermoskanne wärmt er zwischendurch, und man behält einen klaren Kopf auf der Rodelpiste!

Glühwein rot & weiß

4 Portionen

45 Min.

2 Bio-Orangen
1 Vanillestange, nach Geschmack
1 l Weiß- oder Rotwein, halbtrocken
3 Sternanise
4 Gewürznelken
2–3 Zimtstangen
1–2 EL Honig

In Bio-Läden gibt es mittlerweile tolle Glühweine, die man auch sehr gut über dem Feuer erwärmen kann. Hausgemacht kann man die Süße und Fruchtigkeit selber bestimmen.

1. Von einer Orange mit einem scharfen Messer oder Zestenreißer die äußere Schale abziehen. Hierbei ist es wichtig, nicht das Weiße der Schale zu erwischen, sonst wird der Glühwein bitter. Den Saft der beiden Orangen auspressen. Von der Vanillestange das Mark herauskratzen und die Stange später mitverwenden.
2. Wein und Orangensaft mit den Gewürzen in einen Topf geben und kurz erhitzen. Wichtig: nicht kochen! Mit Honig abschmecken.
3. Dann abkühlen und mindestens 30 Minuten ziehen lassen, damit die Gewürze ihr Aroma entfalten können. Kurz vor dem Servieren wieder erwärmen und in Tassen oder Becher füllen.

TIPP

Nicht den günstigsten Wein nehmen, denn auch beim Glühwein spielt der Geschmack des Weins eine große Rolle. Es muss nicht die Flasche über 10 € sein, aber einer, den man auch kalt trinken würde. Das gilt für Weiß- wie Rotwein.

Feuerzangenbowle

4–6 Portionen

45 Min.

Ein absolutes „Winterabend-am-Lagerfeuer-unter-Sternenhimmel-Getränk". Freunde und Familie einladen, jeder bringt seine Lieblingsplätzchen mit und danach ein kleiner Spaziergang an der frischen Luft – herrlich!

2 l Rotwein
3 Bio-Orangen
2 Zimtstangen
4 Gewürznelken
3 Sternanise
1 Zuckerhut
350 ml Rum (mind. 54 Vol.-% Alkohol)

1. Rotwein in den Topf gießen, die Orangen mit Schale in Scheiben schneiden und dazugeben, ebenso die Gewürze.
2. Den Wein erhitzen, nicht kochen (!) und dabei immer wieder umrühren. Dann bei mittlerer Hitze warm halten.
3. In einem separaten Topf den Rum erwärmen (nicht kochen).
4. Den Zuckerhut über den Wein-Topf hängen, dabei immer wieder mit etwas erwärmtem Rum übergießen und am besten mit einem kleinen Bunsenbrenner anzünden. Dann tropft der mit Rum karamellisierte Zucker in die Bowle.

Und dann raus die Tassen und rein mit der feinen Feuerzangenbowle. Heute fährt keiner mehr – heute gehen wir alle zu Fuß!

FRÜHSTÜCK
UND
GEBÄCK
PANCAKE
Feuer-Kaffee
WAFFELN MIT SOMMERBEEREN
Pancakes
Franzbrötchen
SHAKSHUK

FEUER
WAFFELN
KAFFEE
KAFFEE
KAFFEE

Franzbrötchen
süßes Stockbrot

6–8 Portionen (als Snack)

**15 Min.
Gehzeit: 90 Min.**

VEGGIE

Teig
70 g Butter
250 ml Milch
450–500 g Weizen- (Type 405) oder Dinkelmehl (Type 630)
65 g Zucker
½ TL Salz
1 Pck Trockenhefe
1 Ei

Füllung
150 g Butter, weich, auf Raumtemperatur
150 g Zucker
1–5 TL Zimt, nach Geschmack

1. Für den Teig die Butter in der Milch erwärmen und auflösen (nicht kochen), dann lauwarm abkühlen lassen.
2. 450 g Mehl in eine Schüssel geben, mit dem Zucker und Salz vermischen. In der Mitte eine Mulde formen, die Butter-Milch-Mischung hineingießen und die Hefe darin auflösen. Das Ei dazugeben und alles gut durchkneten. Falls der Teig zu klebrig ist, noch etwas Mehl hinzufügen.
3. Den Teig zu einer runden Kugel formen, ein angefeuchtetes Geschirrtuch über die Schüssel legen und an einen warmen, zugfreien Ort stellen. Dort mindestens eine Stunde gehen lassen, bis sich das Teigvolumen etwa verdoppelt hat.
4. Für die Füllung Butter, Zimt und Zucker zu einer cremigen Masse verrühren.
5. Den Teig zu einem großen Rechteck ausrollen und mit der Butter-Zimtzucker-Füllung gleichmäßig bestreichen. Dann einrollen und kleine Scheiben davon abschneiden. Etwas Mehl auf ein großes Brett geben, die Teigscheiben darauf legen und mit einem leicht feuchten Küchentuch bedecken. So kann der Teig noch 30 Minuten gehen, während man ihn zum Grillplatz mitnimmt.
6. Die kleinen Zimt-Schnecken nun um einen Holzspieß (s. Bild unten) wickeln und über dem Feuer goldbraun backen.

TIPP

Dazu schmeckt eine Kugel Vanilleeis oder süße Sauerrahmcreme.

Da ich zur Hälfte Friesin bin, darf natürlich eine Art Franzbrötchen nicht fehlen! Seit einiger Zeit backe ich einen Zimtkranz (s. S. 157), der bei Familie und Arbeitskollegen so gut ankommt, dass ich ihn auch als Feuer-Variante ausprobieren wollte. So entstand die Idee zum süßen Stockbrot aka Feuer-Franzbrötchen. Und den Freunden schmeckt es frisch vom Feuer auf selbst geschnitzten Stöcken noch besser.

Italienischer

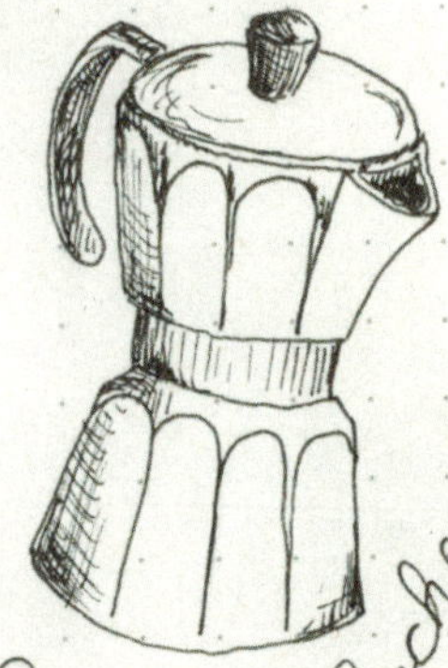

Espressokocher

MEIN FAVORIT!
Damit habe ich den besten Kaffee gemacht, es gibt die Kocher auch aus Edelstahl mit einem Edelstahl- statt Plastikgriff – das ist Lagerfeuer-tauglicher.

COWBOY-KAFFEE

French

FRENCH PRESS · FILTERKAFFEE
Die French Press oder einfacher Filterkaffe funktioniert ebenfalls wunderbar. Dazu in einem separaten kleinen Topf das Wasser aufkochen und über den Kaffee gießen.

FEUER-KAFFEE

Feuer-Kaffee

Faustregel: Pro Tasse 2 TL gemahlenen Bohnenkaffee

EINFACHER COWBOYKAFFEE · KAFFEE MIT DEM LAGERFEUER-KAFFEEKOCHER
Die allereinfachste Möglichkeit, Kaffee am Lagerfeuer zu kochen, funktioniert ähnlich wie beim türkischen Mokka: einfach das Kaffeepulver in einen Topf geben, Wasser dazu, aufkochen und auf die Seite stellen. Warten, bis sich das Kaffeepulver am Topfboden abgesetzt hat, und dann in die Tassen gießen. Es gibt aber auch Lagerfeuer-Kaffeekocher, das sind Emailkannen mit einem Kaffeesieb-Einsatz (Perkolator) für mehrere Kaffeeportionen. Dabei gelangt das heiße Wasser aus der Kanne durch eine Röhre nach oben und überbrüht den Kaffee. Aber man sollte etwas Geduld haben, deshalb musste ich einige Zeit rumprobieren, bis ich es geschafft hatte, einen guten Kaffee zu machen.

FEUER-WAFFELN

VEGGIE

6 Waffeln **30 Min.**

Im Waldkindergarten besaß meine Chefin ein Waffeleisen für die Zubereitung über offenem Feuer. Davon war ich so begeistert, dass ich mir auch eines zugelegt habe. Auf Flohmärkten hat man manchmal das Glück, wirklich schöne, gusseiserne Waffeleisen zu bekommen. Und die Waffeln überm Lagerfeuer klappen damit nicht nur hervorragend und machen allen riesigen Spaß – sondern ich habe den Eindruck, sie schmecken auch viel besser, als aus dem normalen Waffeleisen.

125 g Butter
2 Eier
3 EL Zucker
1 Prise Salz
1 Msp. Vanillemark
1 TL Backpulver
½ Bio-Zitrone, Schalenabrieb
200 g Weizen- (Type 405) oder Dinkelmehl (Type 630)
250 ml Sahne oder Milch
250 g Beeren der Saison, gewaschen und verzehrfertig
150 g Joghurt
Puderzucker zum Bestäuben
Butter oder Öl zum Braten

1. Butter in einem kleinen Topf schmelzen und abkühlen lassen, bis sie lauwarm ist. Mehl mit Backpulver mischen.
2. Eier in eine Schüssel geben, mit Salz, Zucker und der noch flüssigen, leicht abgekühlten Butter schaumig schlagen. Schalenabrieb der Zitrone hinzufügen und unterrühren (ca. ½ TL).
3. Das Mehl nach und nach dazugeben und unterrühren. Dann die Sahne zugießen und weiter rühren, bis ein glatter, zähflüssiger Teig entsteht. Zehn Minuten sollte der Teig ruhen, bevor er ins Waffeleisen kommt. Ich fülle den Teig in ein großes Schraubglas, das ich mit ans Lagerfeuer nehme.
4. Das Waffeleisen mit etwas Butter einpinseln, einen Schöpflöffel vom Teig hineingeben, zuklappen und über dem Feuer goldbraun backen.
5. Serviert wird mit den frischen Beeren, etwas Puderzucker und einem Klecks Joghurt. Ich nehme oft griechischen Joghurt und schmecke ihn mit etwas Zucker, Vanille und einem Spritzer Zitronensaft ab.

TIPPS

Wer richtig fluffige Waffeln haben möchte, trennt die Eier, gibt die Eigelbe zum Anfang wie im Rezept dazu und hebt das steif geschlagene Eiweiß zum Schluss unter.

Es müssen nicht immer süße Waffeln sein, es gibt einige Rezepte mit herzhaften Waffeln, z. B. mit geriebenem Parmesan und Kräutern im Teig, die toll zu frischen Tomaten passen. Dann den Teig ohne Zucker und Vanille zubereiten.

Feuer-Pfannkuchen

VEGGIE

4 Portionen 20 Min.

1 Prise Salz
3 Eier
300 g Mehl
ca. 400 ml Milch
Butter

Belagideen
Zimt & Zucker
Lieblings-Marmelade
Nussnougatcreme mit Bananen und / oder Erdbeeren
Apfelmus
Puderzucker

1. Salz mit den Eiern verquirlen, Mehl nach und nach dazugeben. Die Milch schrittweise zugießen, bis ein glatter und flüssiger Teig entsteht (siehe Tipp). Den Teig in einem Schraubglas mit zum Grillplatz nehmen.
2. Etwas Butter in eine gusseiserne Pfanne geben und darin die Pfannkuchen von beiden Seiten goldbraun ausbacken.
3. Noch heiß mit dem Wunschbelag servieren.

TIPP

Wenn Pfannkuchen übrig bleiben, schneide ich sie immer in feine Streifen und esse sie am nächsten Tag in einer leckeren Suppe wie auf Seite 75.

Die besten Pfannkuchen hat immer meine Oma gemacht – meine Versuche, sie genauso hinzubekommen, waren unzählig, denn das Mengenverhältnis war mir nicht ganz klar. Schließlich hatte ich's: Sie machte die Pfannkuchen nicht nach Rezept, sondern nach Gefühl. Und der ganze Trick dabei ist, dass der Teig recht flüssig bleibt. Die Pfannkuchen werden dadurch sehr dünn, fast wie eine Crêpe. Wer Pfannkuchen lieber etwas dicker mag, gibt einfach weniger Milch in den Teig.

HAFER-PANCAKES

MIT BLAUBEEREN

4 Portionen

20 Min.

2 EL Zucker
2 Eier
1 Msp. Vanillemark
¼ TL Salz
250 ml Milch
125 g feine Haferflocken (Schmelzflocken)
½ TL Backpulver
Butter
250 g Blaubeeren, gewaschen und verzehrfertig
Ahornsirup

1. Zucker, Eier, Vanille, Salz und Milch miteinander verquirlen.
2. Die Haferflocken mit dem Backpulver mischen, dazugeben und gut verrühren. Den Teig in einem großen Schraubglas mit zum Feuer nehmen.
3. Butter in einer gusseisernen Pfanne schmelzen und den Teig mit einem Esslöffel portionsweise in der Pfanne verteilen. Kleine, nicht zu dünne Pancakes formen. Von beiden Seiten goldbraun backen.
4. Warm mit den frischen Blaubeeren servieren und nach Belieben mit Ahornsirup süßen und servieren.

TIPPS

Wenn gerade keine Blaubeerzeit ist, kann man auf Früchte der Saison zurückgreifen, auch selbstgemachtes Apfelmus schmeckt hervorragend dazu.
Wer mag, kann die Milch auch mit einer Mischung aus Milch und Buttermilch ersetzen.
Statt dem klassische Ahornsirup sind auch Apfel- oder Birnendicksaft aus Früchten von heimischen Streuobstwiesen einen süßen Versuch wert.

Sonntagsfrühstück sah bei uns zuhause oft genau so aus: Wenn man noch verschlafen im Zimmer den Duft der frischen Pancakes roch, die meine Mama unten in der Küche vorbereitete, dann war das Aufstehen nur halb so schwer. Und sie funktionieren auch heute immer noch besser als jeder Wecker!
Sie sind nicht zu süß, dazu die frischen Früchte und der feine Ahornsirup … einfach klasse. Man kann sie natürlich auch mitten am Tag machen, so wie ich inzwischen.

FRÜHSTÜCKS-SHAKSHUKA

VEGGIE 4 Portionen 25 Min.

Reiberdatschi (Kartoffelpuffer)
750 g halbfest kochende Kartoffeln, 1 Zwiebel
1 Ei, 1 EL Mehl
Salz & schwarzer Pfeffer, frisch gemahlen
1 Prise Muskatnuss, frisch gerieben
Bratöl

4 Frühlingszwiebeln
1 Zwiebel, 2 Knoblauchzehen
1 Chilischote, nach Geschmack
Olivenöl
1 TL edelsüßes Paprikapulver
1 TL Oregano, gerebelt
400 g Tomaten aus dem Glas, passiert oder stückig
400 g kleine weiße Bohnen aus dem Glas, abgetropft
6–8 Eier, 6 Stängel glattblättrige Petersilie
1 Ciabatta oder Bauernbrot

Dieses Gericht entstand, als ich meiner Familie ganz stolz ein Lagerfeuer-Frühstück ankündigte – und dann fehlte mir sowohl der Platz, als auch eine Extra-Pfanne für die Spiegeleier. Der Kaffee brodelte, die Baked Beans blubberten in der Tomatensauce und die Reiberdatschi rösteten. Wo also hin mit den Spiegeleiern?! Spontan hatte ich das Bild einer Shakshuka vor mir, einem traditionell israelischen Gericht (das Internet ist voll davon). Die Eier werden dabei in Tomatensauce gegart. Die Bohnen sind dabei zwar untypisch, aber lecker.

1. Für den Reiberdatschi Kartoffeln und Zwiebel schälen, danach grob raspeln. In einem Sieb abtropfen lassen, mit den Händen die Flüssigkeit auspressen. Kartoffel- und Zwiebelraspeln in einer Schüssel mit Ei und Mehl verkneten. Mit Salz, Pfeffer und Muskatnuss würzen. Kartoffelmasse in einem großen Schraubglas sowie Salz und Pfeffer mit zum Grillplatz nehmen.
2. Frühlingszwiebeln putzen und in Ringe schneiden. Zwiebel und Knoblauch schälen und fein würfeln. Chilischoten waschen, entkernen und in feine Streifen schneiden; wem das zu scharf ist, lässt sie weg oder nimmt etwas weniger.
3. In eine große, gusseiserne Pfanne einen guten Schuss Olivenöl geben, Zwiebeln und Frühlingszwiebel darin glasig anschwitzen. Knoblauch und Chili dazugeben, Oregano und Paprikapulver unterrühren. Mit den Tomaten ablöschen und 10–15 Minuten einköcheln lassen. Die Bohnen vorsichtig unterrühren, mit Salz und Pfeffer abschmecken.
4. Eine weitere, kleine gusseiserne Pfanne auf das Feuer geben, einen guten Schuss Öl hineingeben und die Kartoffelmasse portionsweise von beiden Seiten goldbraun ausbacken. Falls die Masse nicht zusammenhält (das passiert manchmal), einfach stattdessen feine Bratkartoffeln machen – die schmecken genauso gut!
5. Mit einem Kochlöffel eine kleine Mulde in die Bohnen-Tomaten-Sauce schieben und ein aufgeschlagenes Ei hineingeben; leichter geht es zu zweit. Mit den übrigen Eiern diesen Schritt wiederholen und 10–15 Minuten bei mittlerer Hitze in der Tomatensauce garen. Etwas Salz und Pfeffer über die einzelnen Eier geben. Währenddessen die gewaschene Petersilie grob hacken.
6. Sobald die Eier fertig sind, zuerst einen Reiberdatschi auf den Teller gleiten lassen, dann mit einem Schöpflöffel ein Ei mit Bohnen darüber geben und mit etwas Petersilie bestreuen. Dazu geröstete Brotscheiben und einen dampfenden Lagerfeuerkaffee servieren.

TIPP

Nicht-Vegetarier können sich dazu Speck anbraten, dann wird es ein richtiges Englisches Frühstück. Oder man schneidet den Speck in feine Würfel und brät ihn mit den Zwiebeln in der Pfanne für die Shakshuka an.

CHILIFLOCKEN

Immer an die
Grillhandschuhe denken!

Zimtkranz

VEGGIE

1 Kranz

60 Min.
60–90 Min. Ruhezeit

Teig
70 g Butter
250 ml Milch
450–500 g Weizen- (Type 405) oder Dinkelmehl (Type 630)
65 g Zucker
½ TL Salz
1 Pck Trockenhefe
1 Ei

runde Backform, 26 cm Ø

Füllung
150 g Butter, weich, auf Raumtemperatur
150 g Zucker
1–5 TL Zimt, nach Geschmack

Glasur
ca. 200 g Puderzucker, durchgesiebt
2–3 EL Zitronensaft, frisch gepresst
heißes Wasser

1. Für den Teig die Butter in der heißen Milch schmelzen (nicht kochen). Dann lauwarm abkühlen lassen.
2. 450 g Mehl in einer Schüssel mit Zucker und Salz vermischen. In der Mitte eine Mulde formen, die Butter-Milch-Mischung hineingießen und die Hefe darin auflösen. Das Ei dazugeben und alles gut durchkneten. Ist der Teig zu klebrig, noch etwas Mehl hinzufügen.
3. Den Teig zu einer runden Kugel formen, ein feuchtes, sauberes Geschirrtuch über die Schüssel legen und mindestens eine Stunde zum Gehen an einen warmen, zugfreien Ort stellen, bis das Teigvolumen sich etwa verdoppelt hat.
4. Für die Füllung Butter, Zucker und Zimt zu einer cremigen Masse verrühren.
5. Den Teig zu einem großen Rechteck ausrollen und mit der Zimt-Butter-Zucker-Füllung gleichmäßig bestreichen. Den Teig einrollen, die Rolle der Länge nach aufschneiden. Beide Hälften vorsichtig abwechselnd übereinander legen, damit eine Art Zopf entsteht. Die Enden miteinander verbinden, den Zopf in eine runde, gebutterte Backform legen. Noch einmal mit dem feuchten Geschirrtuch abdecken und weitere 20 Minuten gehen lassen.
6. Den Backofen auf 180 °C (Ober- / Unterhitze) vorheizen.
7. Zimtkranz auf der mittleren Schiene 30–35 Minuten goldbraun backen.
8. Den etwas abgekühlten Kranz nach Geschmack mit einer Glasur aus Puderzucker und Zitronensaft bestreichen, nach Bedarf heißes Wasser unterrühren.

Vegane Variante: Statt Butter für die Füllung z. B. „Alsan", statt Milch Mandelmilch (oder eine andere pflanzliche Milch verwenden) und statt Butter für den Teig einfach 3 EL Rapsöl.

TIPP

In meinem Toskana-Urlaub habe ich mehrmals diesen Zimtkranz gebacken, einfach nur, weil er so lecker ist! Mich hatten ein paar Leute nach dem Rezept gefragt und hier ist es. Am allerbesten schmeckt der Zimtkranz noch warm aus dem Ofen mit einer Tasse Kaffee! Mutige können ihn auch im Feuertopf am Lagerfeuer backen. Hier bin ich nur noch nicht Profi genug, um Tipps zu geben. Es gibt dazu allerdings auf YouTube einige Videos von Grillexperten.

TIPPS & TRICKS

Gusseiserne Pfannen und Töpfe reinigen
Die gusseisernen Pfannen und Töpfe mit heißem Wasser und ohne Spülmittel reinigen. Mein Tipp ist, die Pfannen direkt nach dem Gebrauch zu reinigen. Dabei stärkere Verschmutzungen mit dem Pfannenwender abkratzen und mit einem Tuch auswischen. Wenn nötig, mit heißem Wasser spülen. Zur Pflege von Zeit zu Zeit mit etwas Bratöl einfetten, die dünne Fettschicht schützt die natürliche Beschichtung (Patina) der Pfannen und Töpfe.

Grillrost reinigen
Wenn man den Grillrost über Nacht ins feuchte Gras legt oder den abgekühlten Rost mit feuchtem Zeitungspapier einwickelt, lässt er sich am nächsten Tag viel besser und ohne starkes Schrubben reinigen.

Musiklinks
ultimate-guitar.com
azchords.com
www.gitarrenakkorde.org
guitartab.com
ukulele-chords.com
ukutabs.com / ukuchords.com
www.lagerfeuerlieder.de

Der beste Begleiter rund ums Lagerfeuer ist meiner Meinung nach das Kultliederbuch. Infos dazu findet man hier: kultliederbuch.de

MUSIK

LIEBE

ein Vater hatte bis ich fünf Jahre alt war ein Musikstudio im Keller.
h war natürlich immer dabei, ob bei Sessions oder auf Konzerten.
as war eine schöne Zeit, aus der einige Eindrücke hängen geblieben sind
nd mich sehr geprägt haben. Musik muss für mich immer dabei sein!

ie gängigsten Gitarrenakkorde

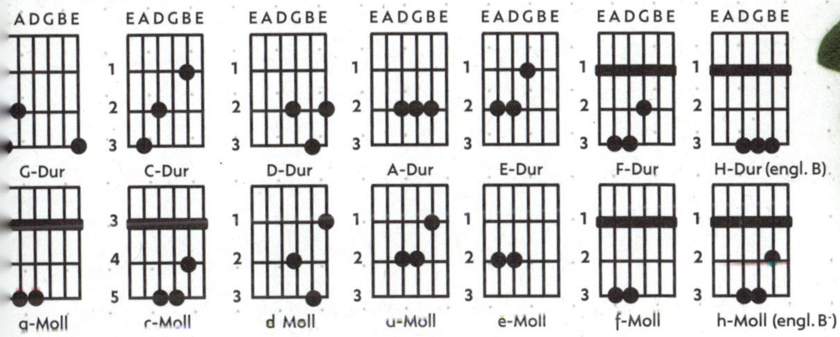

ie gängigsten Akkorde auf der Ukulele

Danke

An meine Familie und Freunde, die fünf Jahre lang meine Rezepte und Kochexperimente meist kalt vorgekostet haben. Die dabei immer geduldig gewartet haben, bis alles angerichtet und fotografiert war, bevor sie überhaupt etwas davon probieren konnten … Das bedeutet mir wirklich viel. Ihr habt mich damit unglaublich unterstützt. Danke!
Ein herzliches Dankschön an Inka Hohaus, die mich bei den Texten über mich und dieses Buch so wunderbar unterstützt hat.
Ein großer Dank auch an Konrad Geiger und Harald Peter, die meine Grillbegeisterung geweckt haben, und an Dirk Vangerow (Foodhunter), der uns damals zusammenbrachte.
Und zu guter Letzt möchte ich an dieser Stelle einen besonderen Dank an meine tollen Mitarbeiter richten. Ohne sie würde es dieses Buch gar nicht geben. Ihr seid super!

ERWEITERTE PACKLISTE
FÜR DIE ZUBEREITUNG AM LAGERFEUER

Zusätzlich zu den Hinweisen auf den Seiten 14 und 15 „Was muss mit?" ist noch an folgendes Equipment bei den jeweiligen Rezepten zu denken:

AIOLI, **S. 38**: Grillrost, 1 kleiner Kochtopf mit feuerfesten Griffen, Knoblauchpresse

ANTIPASTI-BURGER, **S. 59**: Grillrost, 1 große gusseiserne Pfanne (vegane Variante), 1 Schneidbrett, 1 Messer

ARME RITTER, S. 122: Grillrost, 1 große gusseiserne Pfanne, 1 rechteckige Schale

AUSTERNPILZBURGER, **S. 57**: Grillrost, 1 große gusseiserne Pfanne, 1 Schneidbrett, 1 Messer

BROTSALAT, TOSKANISCH, **S. 28**: Grillrost, 1 kleine gusseiserne Pfanne, 1 Schneidbrett, 1 Messer

BRUSCHETTA, **S. 49**: Grillrost

BRUSCHETTE ALLA TOSCANA, **S. 49**: Grillrost, 1 Schneidbrett, 1 Messer, Knoblauchpresse

BURGER-MEISTER, **S. 64**: Grillrost, 1 Schneidbrett, 1 Messer, Mörser, Schüssel,

CAESAR SALAD, **S. 31**: Grillrost, 1 kleine gusseiserne Pfanne

CHAI LATTE, **S. 139**: Grillrost, 1 Kochtopf mit hitzebeständigen Griffen

CHILI CLUB SENFWICH, **S. 62**: Grillrost, 1 große gusseiserne Pfanne

CHILI CON UND SIN CARNE, **S. 108**: Grillrost, 1 großer gusseiserner Topf/Feuertopf, 1 große gusseiserne Pfanne, 1 Schneidbrett, 1 Messer

FEUERKÄSE FÜR CATALINA, **S. 84**: Grillrost, 1 große gusseiserne Pfanne mit hitzebeständigem Deckel, 1 Schneidbrett, 1 Messer

FEUERZANGENBOWLE, **S. 140**: Grillrost, 1 Kochtopf mit hitzebeständigen Griffen, 1 Schneidbrett, 1 Messer, 1 Feuerzange (Halter für den Zuckerhut)

FLADENBROT, **S. 43**: Grillrost, nach Bedarf 1 große gusseiserne Pfanne

FRANZBRÖTCHEN – SÜSSES STOCKBROT, **S. 144**: Grillrost, 1 kleiner Kochtopf mit hitzebeständigen Griffen, 1 großes Schneidbrett, 1 Messer, 1 Teigschüssel, 1 Schneebesen, 1 kleine Rührschüssel, 1 Nudelholz (Teigrolle)

FRÜCHTEPUNSCH, **S. 139**: Grillrost, 1 Kochtopf mit hitzebeständigen Griffen, 1 Zitruspresse, 1 kleines scharfes Messer, evtl. Zestenreißer

GARNELENPFANNE, **S. 80**: Grillrost, 1 große gusseiserne Pfanne, 1 Schneidbrett, 1 Messer

GEMÜSE IM TEMPURATEIG, **S. 76**: Grillrost, 1 große gusseiserne Pfanne, 1 Schneidbrett, 1 Messer, 1 Schüssel

GEMÜSEBRÜHE MIT FLÄDLE, **S. 75**: Grillrost, 1 großer gusseiserner Topf mit Deckel, 1 große gusseiserne Pfanne, 1 Schneidbrett, 1 Messer

GEMÜSE-FEUERTOPF, **S. 83**: Grillrost, 1 großer gusseiserner Topf mit Deckel, 1 Schneidbrett, 1 Messer

GLÜHWEIN, ROT & WEISS, **S. 140**: Grillrost, 1 Kochtopf mit hitzebeständigen Griffen, 1 Zitruspresse, 1 kleines scharfes Messer, evtl. Zestenreißer

GNOCCHI IN SALBEIBUTTER, **S. 89**: Grillrost, 1 großer gusseiserner Topf, 1 große gusseiserne Pfanne, 1 großes Schneidbrett, 1 Messer, 1 Kartoffelpresse, 1 Schüssel, Gemüse- oder Käsehobel

GULASCH MIT POLENTA, **S. 111**: Grillrost, 1 großer gusseiserner Topf/Bräter, 1 Kochtopf mit hitzebeständigen Griffen, 1 Schneidbrett, 1 Messer

INGWERPUNSCH, **S. 135**: Grillrost, 1 Kochtopf mit hitzebeständigen Griffen, 1 Schneidbrett, 1 Messer, 1 Sparschäler

KAISERSCHMARRN MIT KARAMELLISIERTEN ÄPFELN, **S. 128**: Grillrost, 1 große gusseiserne Pfanne, 1 Schneidbrett, 1 Messer

FEUERTOPF-KARTOFFELN, **S. 51**: 1 gusseiserner Topf

KÄSEFONDUE, **S. 115**: Grillrost, 1 gusseiserner Topf, 1 Schneidbrett, 1 Messer, 1 Gemüse- oder Käsereibe, evtl. lange Fonduegabeln

KÄSSPÄTZLE, **S. 92**: Grillrost, 1 große gusseiserne Pfanne

KRÄUTERPFANNKUCHEN MIT KÄSE UND TOMATEN, **S. 87**: Grillrost, 1 große gusseiserne Pfanne, 1 Schneidbrett, 1 Messer, 1 Schüssel, 1 Schneebesen

LINGUINE MIT GARNELEN, **S. 96**: Grillrost, 1 großer gusseiserner Topf, 1 große gusseiserne Pfanne, 1 Schneidbrett, 1 Messer, 1 Schöpflöffel

MANDELN, GEBRANNT, **S. 119**: Grillrost, 1 große gusseiserne Pfanne, 1 großes Schneidbrett, Backpapier

NÜRNBURGER, **S. 67**: Grillrost, 1 große gusseiserne Pfanne, 1 Schneidbrett, 1 Messer

PANCAKES MIT BLAUBEEREN, **S. 152**: Grillrost, 1 gusseiserne Pfanne

PFANNKUCHEN, **S. 150**: Grillrost, 1 große gusseiserne Pfanne

PIZZA DOLCE, **S. 127**: Grillrost, 1 gusseiserne Grillplatte oder 1 Pizzastein, 1 großes Schneidbrett, 1 Nudelholz (Teigrolle)

PIZZA LISANA, **S. 103**: Grillrost, 1 gusseiserne Grillplatte oder 1 Pizzastein, 1 großes Schneidbrett, 1 Messer, 1 Nudelholz (Teigrolle)

POLENTA, GEGRILLT, MIT TOMATENSALAT, **S. 79**: Grillrost, 1 Schneidbrett, 1 Messer, 1 Schüssel

POPCORN MIT SAHNEKARAMELL, **S. 120**: Grillrost, 1 großer gusseiserner Topf mit Deckel oder 2 alte Küchen- oder Lochsiebe aus Metall, 1 große gusseiserne Pfanne, 1 großes Schneidbrett, Backpapier

RACLETTE, **S. 112**: Grillrost, mind. 4 kleine gusseiserne Pfännchen

RISOTTO MIT WALDPILZEN, **S. 104**: Grillrost, 1 kleiner Topf mit hitzebeständigen Griffen, 1 großer gusseiserner Topf, 1 große gusseiserne Pfanne, 1 Schneidbrett, 1 Messer

ROSMARIN-KARTOFFELN, **S. 51**: Grillrost, 1 große gusseiserne Pfanne

SALATE, ALLE REZEPTE: Salatbesteck oder 2 große Löffel zum Mischen und Auftragen des Salats, 1 Schüssel

HEISSE SCHOKOLADE, **S. 137**: Grillrost, 1 Kochtopf mit hitzebeständigen Griffen, 1 Schneidbrett, 1 Messer, 1 Schneebesen, 1 Schüssel

SCHUPFNUDELN AUF WEISSWEIN-SAUERKRAUT, **S. 95**: Grillrost, 1 großer gusseiserner Topf, 1 große gusseiserne Pfanne, 1 großes Schneidbrett, 1 Messer, 1 Kartoffelpresse, 1 Schüssel, 1 Schneebesen

SCHUPFNUDELN, **S. 131**: Grillrost, 1 großer gusseiserner Topf, 1 große gusseiserne Pfanne, 1 großes Schneidbrett, 1 Messer, 1 Kartoffelpresse, 1 Schüssel

SEMMELKNÖDEL MIT RAHMSCHWAMMERL, **S. 101**: Grillrost, 1 große gusseiserne Pfanne, 1 Schneidbrett, 1 Messer

SHAKSHUKA, **S. 154**: Grillrost, 1 kleine gusseiserne Pfanne, 1 große gusseiserne Pfanne, 1 Schneidbrett, 1 Messer

SPAGHETTI MIT PILZEN, **S. 98**: Grillrost, 1 großer gusseiserner Topf, 1 große gusseiserne Pfanne, 1 Schneidbrett, 1 Messer

SPINATSPÄTZLE IN GORGONZOLASAUCE, **S. 90**: Grillrost, 1 große gusseiserne Pfanne, Gemüse- oder Käsereibe

STEAKSANDWICH, **S. 68**: Grillrost, 1 großes Schneidbrett, 1 Messer

VEGGIE-BURGER, **S. 60**: Grillrost, 1 große gusseiserne Pfanne, 1 Schneidbrett, 1 Messer

WAFFELN, **S. 149**: 1–2 Waffeleisen für die Zubereitung über offenem Feuer, 1 Schöpflöffel

ZWIEBELSUPPE, **S. 73**: Grillrost, 1 großer gusseiserner Topf mit Deckel, 1 Schneidbrett, 1 Messer

ICONS · ABKÜRZUNGEN · MASSEINHEITEN

zuhause vor- oder zubereiten

am Lagerfeuer zubereiten bzw. fertigstellen

vegetarisches Gericht

veganes Gericht, teilweise auch einfach als Alternative angegeben

Zubereitungsdauer

Garzeit auf dem Grill

Msp.	Messerspitze	**ml**	Milliliter = 1/1000 Liter	**Min.**	Minuten
g	Gramm	**l**	Liter	**Std.**	Stunden
kg	Kilogramm	**cm**	Zentimeter	**ca.**	circa
TL	Teelöffel	**Ø**	Durchmesser	**evtl.**	eventuell
EL	Esslöffel	**°C**	Grad Celsius	**mind.**	mindestens

Die Temperaturangaben dieses Buches sind in °C (Grad Celsius) angegeben. Bei der Zubereitung im Backofen ist – sofern nicht anders angegeben – die Temperatur eines Elektroherds mit normaler Ober- und Unterhitze gemeint. Bei Umluft kann sich die Garzeit verkürzen, für den Gasherd sind die Angaben des Geräteherstellers zu beachten.

Zum Kochen über offenem Feuer

Meines Erachtens gibt es dazu keine Faustregel, sondern das A und O ist auch bei dieser Kochtechnik ein aufmerksames Herantasten – so wie ihr das vielleicht von einem neuen Herd kennt. Kochen über offenem Feuer ist ein ständiges Reagieren auf das, was ist. Je nach Holz kann das Feuer bzw. die Glut heißer sein, als bei anderen Hölzern.

Im Gegensatz zum Feuertopf darf die Pfanne auf dem Rost niemals über den offenen Flammen stehen, sondern immer nur über der Glut. Es ist Erfahrungssache, wie weit der Rost von der Glut oder der Topf vom Feuer entfernt sein muss. Gut prüfen lässt sich das mit dem Anbraten von Zwiebeln in Öl. Werden sie zu schnell braun, dann ist es zu heiß. Die Hitze reguliert ihr entweder, indem ihr den Topf oder den Rost höher stellt oder durch das Auseinanderscheiben der Kohle bzw. der Holzscheite. Und wenn es schnell gehen muss: einfach den Topf oder die Pfanne ganz weg vom Feuer und auf die Seite stellen. Für die Angabe „mittlere Hitze" stellt ihr die Pfanne an den äußeren Rand des Rosts.

Durch das Anhäufen oder Auseinanderziehen der Glut lassen sich verschiedene Hitzezonen unter ein und demselben Rost einstellen.

Alle Löffelangaben beziehen sich, falls nicht anders vermerkt, auf das gestrichene Maß.

Die in den Zutaten verwendeten Eier haben Handelsgröße L (groß) und sind Güteklasse A. Verwendet immer nur ganz frische Eier! Rohe oder halbrohe Eier sollten von Kleinkindern, Schwangeren, alten Menschen oder Personen mit einem angegriffenen Immunsystem nicht verzehrt werden.

RAUM FÜR EIGENE NOTIZEN

WÜRZIG! 100% natürlich & selbst gemacht
von Caroline Dafgård Widnersson, 136 Seiten, 53 Farbfotos, ISBN 978-3-7750-0752-8
Purer Geschmack: Über 100 Rezepte zum Selbermachen von Senf, Ketchup und Mayonnaise, Saucen, Essigen, Pickles und Würzmischungen – voller Geschmack und ohne Zusätze.

TEXAS BBQ - meat, smoke & love
von Jonas Cramby, 144 Seiten, 141 Abbildungen, 34 Zeichnungen, ISBN 978-3-7750-0664-4
The real thing: Ein Roadtrip in Bildern von Land, Leuten und Barbecues und großartigen Rezepten aus dem Osten, dem Westen und der Mitte von Texas für das beste BBQ der Welt!

Chutneys & Relishes
von Bettina Matthaei, 72 Seiten, 38 Fotos, ISBN 978-3-7750-0623-1
Raffinierte Genüsse und aromatische Geschenke aus der Küche von fruchtig-frisch bis exotisch-scharf: Rezepte für Chutneys und Relishes, die so lecker sind, dass man am besten mehr davon macht – zum Verschenken und für sich selbst!

Wilde Waldküche
Texte, Rezepte und Fotos von Linda Louis, 320 Seiten, 318 Farbfotos, ISBN 978-3-7750-0628-6
Die kulinarischen Schätze des Waldes sammeln und genießen: Über 100 vegetarische Rezepte für jede Jahreszeit aus den Früchten des Waldes. Mit Pflanzenbeschreibungen und Sammeltipps.

IMPRESSUM

www.hädecke.de und *www.mizzis-kuechenblock.de* ·
Eure Feuerbilder auf Instagram? Lasst es uns wissen: #feuerfeste · instagram.com/haedecke

Fotos & Illustrationen: **Lisana Hartl** **instagram.com/wilde_gartenkueche** und **www.wildegartenkueche.de**

Fotos auf den Seiten 2–3, 6–7, 11 oben und links, 40 rechts oben und Mitte, 103, 106–107, 11, 121 Mitte rechts, 132, 136–137, 142 oben, 146 unten rechts, 155 oben links sowie rechts Mitte und rechts unten, 159–160, 161 oben sowie unten links und vorletztes unten rechts, 162 und 165: **Simon Gehrig** · Gestaltung der Kapitelaufmacher, Sketchbooklayout und Rezept-Überschriften: **Lisana Hartl** · Texte Seite 6–10: **Inka Hohaus** · Lektorat: **Jo Graff** · Schlussredaktion: **nvsg**
Buchgestaltung: **Julia Graff, Hädecke Verlag**, unter Verwendung der Axios (Untype), Brandon Printed (HvD Fonts) und Realtime Rounded (Juri Zaech) und Icons von goodstuffnononsense.com

Printed in Germany 2018
Umwelt- und ressourcenschonend produziert: Der Inhalt dieses Buches ist auf 100 % Recyclingpapier gedruckt, das mit dem Blauen Engel ausgezeichnet und FSC®-zertifiziert ist.

4 3 2 1 | 2021 2020 2019 2018

ISBN 978-3-7750-0787-0

Ein verlagsneues Buch bekommt man in Deutschland und Österreich überall zum selben Preis. Die kulturelle Vielfalt wird durch die gesetzliche Preisbindung geschützt. In Stadt und Land, im Internet und in jeder Buchhandlung gilt der gebundene Ladenpreis.